零下六十八度

二戰後臺灣人的西伯利亞戰俘經驗

陳力航●著

目次

第二章 西伯利亞時期

第三章 後西伯利亞時期 100

二戰前後的臺灣人異國經驗

許雪姬（中央研究院臺灣史研究所特聘研究員兼所長）

日治時期臺灣人的海外經驗，近年來對此研究頗多，成果十分豐碩。此跨域臺灣人的研究，讓我們得以了解，到底二戰前臺灣人到海外都到哪些國家？爲什麼而去？在戰爭期間的遭遇爲何？戰後有沒有回到臺灣來？而異域的經驗對他們往後的人生有何影響。去年（二〇二〇）中研院臺史所出版鍾淑敏的《日治時期在南洋的臺灣人》可謂集其大成，她所使用的重要史料之一即「旅券」（護照）資料。

近十年來中研院臺史所由日本外務省外交史料館陸續取回臺灣總督府所核准的旅券下付返納表，內容依五州三廳的次序，表列申請者的姓名，出生年月日、本籍寄籍，前往的國名地方，前往的目的，核准的日期，期間由一八九七年至一九四二年。臺史所依此予以數位化，建置成「臺灣總督府旅券系統」，呈現二十萬餘筆臺灣人申請出境的紀錄。另外還包括此前一般研究者較少知道，一九二六－一九四四年間近四千筆日本帝國駐中國領事館、總領事館的核准紀錄。這一系統提供基本查詢、進階檢索、延伸查詢，以及「依法規時期分件瀏覽」、「依申請官廳分年瀏覽」等功能，即將對外開放，相信對研究海外臺灣人的活動有所助益。對一般社會人士，可以用家族長輩的名字上網搜尋看看，他們有沒有出國的紀錄，可以找找看哪個人最先用「旅遊」作爲目的申請旅券？去了哪些城市？甚至有哪些人一起去玩？有哪些女性也申請過旅券？這些答案的獲得，趣味橫生。

旅券資料雖然好用，但也不是萬能，因爲不申請旅券也可以出國（尤其中國依對日不平等條約開放的通商口岸），亦即臺灣人到日本後，不需旅券即可前往中國各通商口岸，因此有出國、名字卻不在旅券表上可能還有很多。被徵召出征海外的軍人名單，在旅券中亦找不到，本書陳以文的資料就不會在旅券上。目前所呈現的旅券資料，前往的地點以廈門、上海、香港、汕頭爲多，去南洋的也不少，但最少的是前往歐美，遑論前往西伯利亞。

爲了彌補檔案資料的不足，我個人在一九九〇年代後不斷進行臺灣各類人物的訪談，聽過有滿洲經驗的長輩說，臺灣人在那個時候最遠到過蒙古，也有人去西伯利亞，但都沒有具體的人名，無從著手，相關的參考資料也不多。最早看到臺灣人以軍人的身分被俘虜到西伯利亞的事蹟，首推一九九七年出版有關賴興煬的訪問紀錄、[1]接著就是本書作者爲祖父陳以文的口訪。[2] 據我所知，戰後臺灣人被中華民國政府宣稱，自日本投降那天起，臺灣人就已恢復中華民國籍。按理說除非在滿洲國中任職科長以上，或當警察、協和會事務長，[3] 否則不會像日人般被交送到西伯利亞。比如說臺灣人鍾謙順（加入關東軍，一九四五年駐防滿洲里），在撤退到哈爾濱被蘇聯軍解除武裝時，即告知自己是臺灣人而免被送往西伯利亞。[4] 一樣也加入關東軍的鄒族湯守仁，被送往西伯利亞後，在一個月後就因其臺灣人的身分被遣回。[5] 也有就讀滿洲最高學府建國大學學生賴英書入伍，被迫在西伯利亞三年後才被送回。

1. 蔡慧玉訪問、校閱，吳玲青整理〈賴興煬先生訪問紀錄〉，收入氏訪問、校閱，《走過兩個時代的人—臺籍日本兵》（臺北：中央研究院臺灣史研究所，二〇〇八年再版〔一九九七年初版〕），頁一七三—二三九。
2. 陳力航訪談、紀錄，〈陳以文先生訪談紀錄〉，《宜蘭文獻雜誌》雜誌八七／八八（二〇一一年六月），頁一三七—一五六。
3. 高丕琨，〈在蘇聯戰俘營〉，《文史月刊》1（二〇一四年一月），頁六一。高自稱是滿洲國國務總理大臣張景惠之秘書，後轉任九台縣縣長，於一九四五年十月二日被蘇聯兵扣押，一九五〇年六月九日才獲准回中國。
4. 鍾謙順著、黃昭堂編譯，《臺灣難友に祈る：ある政治犯の叫び》（東京：株式會社日中出版，一九八七），頁一六〇。
5. 鍾逸人，《辛酸六十年》上（臺北：前衛出版社，一九九三），頁五〇七—五〇八。

[6] 畢業於東京工業大學金屬學科，擔任滿洲航空機整備部隊配屬及大尉的許敏信，被抑留在西伯利亞前後六年才能回家。[7] 目前即便還有一些去過西伯利亞者的名單，但都已無法訪問了。聽說海參崴檔案館還有些相關資料，苦於不懂俄文，而無法再進一步。

在上述的情況下，本書作者非常用心尋找有相似背景的日本方面的資料，盡情融入其祖父的口述歷史中，成爲重要的背景資料，並在細節上多所增補，令人讀來興味盎然，這是作者令人欽佩之處。舉例來說，什麼是「陸軍特別幹部候補生」？簡言之，因爲考上後陞遷較快，這在同樣通過此一考試的賴永祥的口述訪問中得到證實。[8] 前往滿洲、駐在杏樹，有次陳以文和班長到牡丹江出差，作者利用《滿洲朝鮮復刻表　附台湾・樺太復刻時刻表》，列出杏樹到牡丹江隔著十六個站，要花七小時多，並推測可以搭乘的兩個班次。如果陳以文知道牡丹江有一些從臺南師範學校演習科、講習科畢業，和滿洲人合作經營建築業、伐木業的吳深池、黃清舜都住在那裡，[9] 也許可以前往拜訪。對蘇聯在八月九日進攻滿洲，當時蘇軍的兵力，包括陳以文所看到的飛機架數，八月十五日日本投降及之後軍隊的撤退情形，都有所補充。八月十八日溥儀退位，關東軍將領、溥儀和陳以文等人都被送到蘇聯。只是下級軍士必須徒步七天走到有火車可搭的牡丹江，載往西伯利亞，渡過約三年的歲月。三年中的修路、伐木等苦差事，作者利用西伯利亞戰俘營的紀錄，被抑留者的回憶錄，表現在描述戰俘營中的起居、飲食，豐富了對生活狀態的了解。作者特別加筆的是，參考另一戰俘營泰舍特的氣溫，冬天的最低溫度達零下六十八度，這是活在亞熱帶的臺灣人一輩子也不可能碰到的超級寒冬，有滿洲經驗的臺灣人（以在南滿的爲多）在接受我訪問時，表示零下的天氣已令他們難以調適，何況零下六十八度。光由溫度，就知道陳以文們在滿洲吃了多少的苦。作者以《零下六十八度》作爲書的主題，深獲我心。

本書以「二戰後的臺灣人西伯利亞經驗」爲副標題，其內容稍可彌補學界無人寫出相關專著的遺憾。作者這本書的讀者群，應該是鎖定喜歡歷史、愛了解臺灣的人，這樣的作品也

6. 三浦英之，《五色の虹：満州建國大学卒業生たちの戦後》（東京：株式會社集英社，二〇一五），頁二四一－二四二，〈第九章 台北〉；許雪姬訪問，黃子寧、林丁國紀錄，〈李水清先生訪問紀錄〉，收入許雪姬等訪問、黃子寧等紀錄，《日治時期臺灣人在滿洲的生活經驗》（臺北：中央研究院臺灣史研究所，二〇一五年初版二刷〔二〇一四年初版一〕），頁十八。
7. 長戸毅，〈許敏信の偲んで〉，《蔵前テニスクラブ会会誌》27（二〇〇一年），頁三。
8. 黃清舜，《一生的回憶》（澎湖：澎湖縣政府文化局，二〇一九），頁三〇五－三一七，〈十、東北時期約三年〉對北滿的寒冷有很深刻的描述，可以參考。
9. 訪談者／許雪姬、張隆志、陳翠蓮，紀錄者／賴永祥、鄭麗榕、吳美慧、蔡説麗，《坐擁書城：賴永祥先生訪問紀錄》（臺北：中央研究院臺灣史研究所、遠流出版公司），頁七六－七八。

相當符合公共史學所要達成歷史知識化、普及化、可親近化的目的。作者自認自己不適合走上學術這條路，轉而往另一條能走得有聲有色的路走，不啻是個重要的決定。以他這本書的表現，相信再過幾年的磨練下，觸角會更廣，取材、書寫會更加精進，應該可以筆耕爲生，好好發揮。

我和作者力航認識，實因他的碩士指導教授鍾淑敏的牽線。力航碩士論文寫的是日治時期到中國的臺灣醫生，我因寫過〈日治時期在滿洲的臺灣醫生〉，就被找去擔任口試委員。我對他找資料的能力相當肯定，論文言簡意賅，容易閱讀，是篇不錯的碩士論文。後來聽說他去了東京，幾年後在中研院碰到他，才知道他早已回臺灣，決定走一條不平常的路。期間他提供溥儀的醫藥顧問黃子正就讀臺大醫科特科的資料給我，特別感謝。最近他告訴我，他重新加料祖父陳以文的西伯利亞訪談紀錄，成爲另一本書，請我爲序。我通覽此書，發現力航藉著撰寫此書，和祖父愈加接近，更能體會那一代人面對戰爭的無奈；也藉著此書的纂寫，企圖爲自己打造另一條歷史人可走的路。壯哉斯舉，因以爲序。

二〇二一／四／七

陳以文之外的臺灣人戰俘

鍾淑敏（中央研究院臺灣史研究所研究員）

一九四五年八月九日，當美軍在日本廣島、長崎投下原子彈，日本呈現敗象時，蘇聯大舉進入中國東北，與日本進入戰爭狀態。八月十四日，日本宣布接受波茨坦宣言，同一天，中華民國與蘇聯在莫斯科簽訂中蘇友好同盟條約，決定在共同對日作戰中彼此合作，以迄日本無條件投降爲止，並同意「締約國擔任在對日作戰中止以後共同採取其力所能及之一切措施，使日本無再事侵略及破壞和平之可能。」八月十五日，日本宣布無條件投降，英美等盟軍停止與日本之軍事行動。然而，蘇軍繼續進逼，九月一日，蘇聯軍完成關東軍的武裝解除。蘇聯宣布滿洲作戰於九月二日結束，中國東北部、遼東半島、北朝鮮都獲得解放。爲什麼日本投降了，蘇軍仍然繼續進攻呢？依照蘇聯紅軍參謀本部於八月十六日的說明，八月十四日日本宣布接受波茨坦宣言、有投降用意，但這只不過是一般宣言，實際上日軍並未投降，依然持續抵抗。蘇聯便以此爲藉口，正當化進軍行爲。

在蘇軍進逼下，軍人、軍屬等戰俘與非軍人（包括滿洲國政府官吏、警察官、國策會社滿鐵的社員、統治協力團體協和會成員等）合計約六十一萬人被拘留。至於一般日本人，彷如驚弓之鳥，特別是所謂「開拓團」成員，甚至有爲了安撫蘇軍，強迫女子「接待」的情事。在紛亂的換俘、釋放、遣返等行動後，數十萬日本人從滿洲、北朝鮮、庫頁島、千島群島等地被送往蘇聯。

究竟有多少人被送往蘇聯？依據日本官方一九五七年七月的「未歸還調查部」統計，第一次被押送到蘇聯的，分別是滿洲約四十三萬名、北朝鮮約六萬六千名、庫頁島與千島群島約六萬七千人；第二次則是從滿洲押送約一萬人、北朝鮮約兩千人，合計約五十七萬五千人，因爲環境嚴酷、強制勞動及缺乏充分供應等因素，死亡者多達五萬八千人。其中，包括來自殖民地臺灣的日本帝國臣民。

日本戰敗後，在中國與東南亞各地的日本人陸續返國，至一九四六年底爲止，總計有五〇七萬九，〇二三人「引揚」歸國。不過，在蘇聯控制下的日人，則是有賴佔領日本的美國多次代爲交涉後，才在一九四六年十二月五日開始返國，但蘇聯又以冬季輸送困難爲由，經常中斷。戰爭結束四年後的一九五〇年四月，蘇聯政府宣布在蘇聯的俘虜已經全部遣回，但事實上到日蘇恢復邦交的一九五六年，遣返作業才大致完成。由於被拘留者人數眾多，命運悲慘，「西伯利亞抑留」是戰後日本人集體記憶中重要的篇章，在東京新宿的「平和祈念展示資料館」內，西伯利亞抑留便是最主要的展示主題；相對的，臺灣人似乎很少人聽聞此事。

最早報導臺灣人經驗的是林榮代（林えいだい）。一九九四年林榮代在訪談臺灣高砂義勇隊時，意外地得知有「海軍特別志願兵」被拘留在西伯利亞之事。翌年，林榮代訪問了葉海森、唐中山、陳以文等三人，陳以文即是本書作者陳力航的祖父，在此無須多做介紹。不過，藉由林榮代的訪談，可以大致描繪出臺灣人的情況。

彰化人葉海森一九四四年二月應徵海軍工員，進入岡山第六一航空廠，這裡是製造航空機零件之工場。之後，入高雄海兵團，六個月訓練結束後，配屬於第九〇一東港航空隊，原本預定到「佛印」（今中南半島）航空隊，一九四五年三月又改派遣到上海的龍華航空隊。唐中山則是高雄海兵團訓練結束後，與葉海森一樣配屬東港航空隊，一樣搭乘船隻前往上海。在龍華航空隊三個月後，唐中山、葉海森及蕭瑞三郎等七人被派往北朝鮮羅津的航空隊基地。在羅津水上偵察機的基地內，葉海森在戰鬥指揮所電話值勤，其他六人爲海上飛行場建設作業，從事護岸工事。

當蘇聯軍隊入侵朝鮮半島北部時，臺灣人輾轉南下，九名高雄海兵團出身的臺灣人在元山航空隊會合後，被集中管理。他們原本以為可經由日本返臺，哪裡知道竟然被送往蘇聯，被編入蘇城（位於中蘇邊界，清朝稱雅蘭蘇，簡稱蘇城，今稱游擊隊城）的第十一俘虜收容所。蘇城原是以挖掘煤礦著稱之地，俘虜營在此地伐採森林、挖掘煤礦。一九四八年六月，葉海森等接到遣返命令，隨著日本人到京都府北邊面臨日本海的舞鶴港，領到新外套、毛衣、軍服、軍靴、現金四百日圓等，援護局的職員也給了他們從舞鶴到長崎縣佐世保港的車票。然而一到佐世保援護局出張所時，臺灣人九人全被美軍憲兵逮捕，理由竟然是他們來自共產國家，不准返回臺灣。經過蕭瑞三郎與美軍交涉後才獲釋，轉搭中華民國貨船到上海，又被外事警察課逮捕，輾轉送到救濟院。好不容易透過臺灣同鄉會，由蕭瑞三郎的父親送錢到上海，終於搭上往基隆的船隻返回臺灣。一到基隆又被逮捕，在蕭瑞三郎父親奔走之下，終於獲釋返家，結束一波三折的返鄉路。

唐中山等三人是另外的命運，因爲被拘留處與葉海森等不同，返國時間晚了幾個月，卻發生名字不在返國者名單的意外，理由是蘇聯的政治幹部認爲他們是中國人，不該送往日本。幾經交涉，好不容易才讓蘇聯方面同意來自高雄海兵團的三人搭上同一艘船，經過舞鶴、佐世保、門司，終於抵達基隆。

臺灣人的西伯利亞故事最為日人所知的是吳正男的經歷。十六歲時志願當特別幹部候補生，入水戶的航空通信學校，接受機上通信士教育，配屬茨木縣的飛行隊，原本預定前往南方，因為前一批部隊搭乘之船沉沒，一九四五年五月，吳正男隨著部隊移往朝鮮半島北部的宣德飛行場，因日軍戰敗，被蘇聯軍隊押往中亞哈薩克的收容所，在嚴酷的條件下生活兩年。由於他被抑留時使用大山正男之日本名，被送返舞鶴時也申告日本關係人地址，因而留在日本。之後，吳正男與日本人結婚，任信用組合「橫濱華銀」理事長，甚至擔任神道的伊勢山皇大神宮橫濱總鎮守的「氏子總代」。然而，當他要申請歸化日本籍時，卻遭遇冷淡待遇，也因為外國人身分，無法獲得日本政府為西伯利亞抑留者特別制定的補償金。

那麼，如何看待這段過往呢？我們可以很容易地譴責蘇聯政府之殘忍霸道，但是如果還原時空脈絡，也許會更堅定地相信戰爭才是一切罪惡的根源。當二戰爆發，以破竹之勢征服東南亞的日軍，對於盟軍戰俘不當處置的問題，不但是戰後BC級戰犯審判的主因，臺灣人因為擔任戰俘營監視員等工作而淪為戰犯者，更將近百名。我們雖然不以蘇聯所說為是，但是更期望造成虐待「戰俘」之環境不再。戰前臺灣人為殖民政府繳納「血稅」，戰後卻因國籍等理由被拒於補償門外。歷史可以原諒，但是不能遺忘。陳以文先生何其有幸，有子孫為其立傳，但願力航的書獲得廣大迴響，讓更多人紀錄先祖的故事，豐富我們的歷史記憶。

推薦序

歷史，就在我們身邊

陳文松（國立成功大學歷史系教授兼主任）

力航所寫《零下六十八度──二戰後臺灣人的西伯利亞經驗》，有著對祖父陳以文深刻的懷念，以及作為歷史人的專業使命感。本書從回憶小時候與祖父不經意的「歷史故事」，從此深埋作者心中，也許是命中的注定或是歷史發展的巧合，力航考上成大歷史系，課堂上的口述歷史的作業，就以祖父為訪問對象，這次的課堂作業，如今在日後完成碩士、留學日本進入職場，成為一名專業歷史研究者之後，完成這本大作。雖然作者祖父已於二〇一二年過世，但相信他在天之靈，一定會為自己的金孫將他的經歷傳承給世人而感到欣慰，並且不論是在夢境或天上，會微笑用日文說著：「寫了這麼多，眞是厲害（たくさん書いてくれた。すごいね）！」

二戰後臺灣人被蘇聯軍隊連同大批日軍俘虜被帶往西伯利亞勞改的慘痛歷史，目前在臺灣學界與各種臺籍日本兵（軍夫、軍屬）的回憶錄、專書研究當中，其實是長期被遺忘和忽視的部分，因爲他們的聲音在冷戰時期完全被政府置入「零下六十八度」的歷史冰櫃中，無法公諸於世。反觀，解嚴後的臺灣史研究，對於二戰時期被日軍動員前往東南亞、海南島（南洋地區），以至中國戰場的臺籍日本兵，截至目前爲止，已經累積非常豐富的研究成果，也爲世人所熟知，每年也固定有不少學術研討會舉辦。

但，臺籍日本兵在東北隨日軍被蘇聯俘虜後，被迫在零下六十八度的西伯利亞勞改營進行勞改的歷史，在蘇聯解體後，當時受害的日本當事人和遺族，開始呼籲日本政府重視這段歷史，而日本學界和媒體也陸續前往俄羅斯國家檔案館等，發掘這段慘痛的過去；相較於日本，臺灣除了遺族，如力航的長期追蹤調查外，幾乎是無聲無息。因此，這本書的出版問世，雖然只是陳以文個人的生命經驗，相信一定可以激起更多人對於長期被冰凍的戰後初期臺籍日本兵西伯利亞勞改營的歷史，有更多的共鳴與迴響，同時，讓酷熱的東南亞臺籍日本兵的研究能量，能解凍冰封零下六十八度的西伯利亞，完整呈現臺籍日本兵在二戰結束前後的歷史命運。

根據作者的考證，一九四五年九月到十二月間，蘇聯利用火車將已投降繳械的關東軍，送到西伯利亞從事建設開發的珍貴勞動力，而且不只有日本戰俘，還有德國戰俘；在如此酷寒的環境中，日軍戰俘的死亡人數是十分之一；一九四六年十二月美蘇簽訂協定，開始遣返各國戰俘；但直到一九四八年五月，陳以文才搭上「信濃丸」從西伯利亞回到日本舞鶴。

「被留置在舞鶴港的臺灣人，不只有以文，這段期間，有其他七名臺人也在此上岸，大家被安置在一起。他們的名字分別是陳忠華、葉海森、蕭瑞郎、吳龍山、龔新登、南善勝、彭武進」，同年九月二十二日一行人等再由佐世保搭乘中華民國招商局海遼輪到上海，之後又歷經不少波折後才從上海回到基隆，且一靠岸便被「監禁入獄」，因爲這批人是從「蘇區」回來的「臺籍日本兵」。以文等又被關了一星期後才在蕭瑞郎的父親作保下出獄，「面對以文的歸來，家人們無不喜極而泣」。換言之，一九四八年十月，這批被蘇聯帶往西伯利亞的臺籍日本兵，在二戰結束後整整三年，才重歸故土和故鄉。

而我的伯父，就是陳忠華，伯母則是葉海森的親妹，患難相交的「難友」因此結成親家。在過去幾十年當中，對於伯父的這段經歷，幾乎一無所知。因此，透過這本書，讓我重新了解這段鮮爲人知的過去，也期待這段歷史與那時候的臺灣人的處境，能被重新檢視與面對。

原來歷史，就在我們身邊！

二〇二一／四／二一於成大歷史系館

相信不少臺灣人的長輩，可能曾前往南洋從軍，或是在中國戰場與日軍搏鬥。我的祖父陳以文，也有類似的經驗。他比較特別，他去的是滿洲，其後更被拘留在西伯利亞。我祖父的經驗，印證了過去臺灣人的海外活動路線，遠比今日想像得還要多元。而他從西伯利亞輾轉返臺的過程，也顯示臺灣人在不同政權交替下的無奈與悲哀。

如此特別經驗，也是我孩提時期的床邊故事。有一段時間，我就睡在祖父旁，還記得床頭擺著一臺收音機，旁邊有一箱紅露酒。收音機播著日語廣播（臺灣收得到沖繩的訊號），祖父帶著酒氣，緩緩地告訴我，西伯利亞最低溫是零下六十八度，同袍的鼻子、耳朵，如果暴露在外面太久，一碰就會掉。這樣的情節，不要說年幼的孩童，即使是大人，想必也會很驚訝吧。這樣的故事，一直埋藏在我心裡，當我就讀成大歷史的時期，系上恰巧有一門「口述歷史」課程，趁著這機會，我就以祖父為口訪對象，將其整理為〈陳以文先生訪問紀錄〉，刊載在《宜蘭文獻雜誌》。可能是冥冥之中有注定，〈陳以文先生訪問紀錄〉刊出不久，祖父就仙逝了。

祖父個性海派，對我這個長孫非常疼惜，我從小在他的陪伴下，聽了許多家族故事、早期臺灣的掌故，受他的薰陶，我後來選擇研究臺灣史，而且對日本史深感興趣。當我從成大畢業，進入政大臺史所，我就對臺灣人的海外活動很有興趣，拿到碩士學位之後，我接著前往東京大學留學，不過在東京期間，我發覺自己似乎不適合走學術這條路，幾經思考後，決定返回臺灣。

剛回臺灣時，其實有點徬徨，此時妻子告訴我，爲何不將祖父的故事，以非虛構寫作的方式，重新擴寫成一本書呢？於是，我開始重讀這份訪問紀錄，構思可以延伸的方向，逐步開始書寫。在這過程中，我發現許多有趣的史料，也重新享受到寫碩士論文時的愉悅感。

祖父過世多年，有時我會去買他最喜歡的日本甜點「最中」來享用，藉此懷念和他相處的時光。然而，就在初稿完成的當晚，我夢到自己站在宜蘭舊家的客廳，我告訴祖父說，書的初稿已經完成了。他抽著七星淡菸，微笑著用日文說：「寫了這麼多，眞是厲害。」說完，他的視線轉向電視，而我也醒了過來。

從初稿寫完到出版，中間歷經許多波折，但我始終堅信，這本書對自己的家族和臺灣社會有其價値所在。所幸經過許多人的協助，才得以出版。很感謝路那、世界柔軟的辰漁，以及前衛出版社的君亭、佩穎，若沒有他們的牽線與協助，就沒有這本書。此外，感謝與我討論書名的好友炳達，書中的九五式練習機照片，是我同事德眞的傑作。感謝學弟昱丞與玠志的協助，讓我得以一窺一九四五至一九四八年間，泰舍特的氣溫數據。我的妻子許雅玲，應該是聽過這故事最多次的聽眾，很感謝她當初的鼓勵，促成這本書的誕生。

最後，謹將這本書獻給我的祖父陳以文（一九二七—二〇一二），以及他的日本戰友們。

談到二戰後日本人被拘留在西伯利亞，相信不少讀者會聯想到《活著回來的男人》。這本書透過小熊謙二的視角，呈現日本庶民的戰爭體驗，非常受到歡迎。然而，它的切入點固然有其可貴之處，但不管是日本的菁英或庶民，所呈現的仍是「日本人觀點」。但是西伯利亞收容所中的日軍，不全然來自日本本土，也有來自朝鮮、臺灣等地的軍人，這些人和日本人待在西伯利亞收容所，兩三年後也和日本人一同遣返。當他們在舞鶴上岸時，日本人只要簡單辦個手續，幾天內就可以回到家，而這些朝鮮、臺灣人卻不是如此。即便幾經輾轉回到家，他們在家鄉面對的變局，也和日本人有所不同。

本書的主角陳以文，正是大時代下臺灣人的縮影，他與前往南方戰場的臺灣人不同，他所身處的舞臺是滿洲國與西伯利亞，因爲臺灣人的身分，他的返鄉過程，也遠較日本人來得艱辛。

在進入本書之前，我想先爲讀者補充一下脈絡，陳以文之所以會來到東京，乃是受其父陳土金的安排，陳土金是宜蘭市知名的醫師，他所經營的蓬萊醫院，是戰後宜蘭市三大私人診所之一（另兩間爲陳金波的太平醫院，以及李兆蕙的惠德醫院）。陳土金希望能將兒子們栽培成醫師，日後返回宜蘭，擴大自家醫院規模。

陳以文儘管個性海派、人緣很好，但是在中學的課業表現，卻不如哥哥陳鎮榕與弟弟陳成章，而中學也因爲戰爭，讓學生提早畢業，以文拿到了畢業證書，看著同學先後收到赤紙（召集令）入伍，加上社會氛圍的催化下，他決定偏離父親爲他安排的道路，毅然從軍。這也是故事的開始。

本書從陳以文從軍前夕開始寫起，接著是他前往滿洲、被俘至西伯利亞、其後返臺的過程。

就讓我們一起進入這本書吧。

第一章

滿洲

入伍

時間是一九四四年春天，本書的主角陳以文，正面臨人生的抉擇。其實，就殖民地出身的人來說，他可以不用入伍。如果認分一點，儘管在獨逸學協會中學校的成績不如其他兄弟，但只要多努力，應該也能考上醫科吧。1

然而，比起學醫這條路，以文似乎更嚮往從軍，軍隊或許是條捷徑，可以讓他更快出人頭地，然後穿著軍服，威風地返鄉，讓父親看看自己發達的模樣。此時的社會風潮，也鼓勵青年如此。就算繼續念書好了，以中學每週只上一兩天的課，其他時間都在子彈工廠的情況來看，繼續念

陳以文（左二）與獨協中學校同學合影

▲此照片是陳土金在宜蘭醫院任職期間（一九一八－一九二九），穿著文官服的照片。從文官服帽子的金線數量，以及肩章樣式，可知此穿著屬於判任官，判任官可由臺灣總督自行任命。

◀陳以文的父親，陳土金

1. 全名為「獨逸學協會中學校」，簡稱「獨協中學校」。獨逸學協會是日本政府為引進德國文化所成立。在此背景下，「獨逸學協會中學校」的前身「獨逸學協會學校」成立，一八九三年「獨逸學協會中學校」的普通科改稱「獨逸學協會中學校」。獨協設有德語、英語班，由於日本醫學體系師承德國，若要以醫科為目標，德文是必備的能力，許多有意培養子弟成為醫師的父母，自然以獨協中學為首選。

書，眞的有比較好嗎？以文覺得，那只是在浪費父親寄來的錢。

一九四四年六月，以文未與父親土金商量，擅自報考「陸軍特別幹部候補生試驗」。陸軍特別幹部候補生又簡稱「特幹」，此項制度源自一九四三年底，主要是爲了解決陸軍人手不足的問題，在以文報考的前兩個月，第一期特幹才進入各地的軍事學校受訓。根據《日本軍隊用語集》一書的描述：

> 其第一期生是於昭和十九（一九四四）年四月採用的中學二年十四歲少年們，兵科共有航空、船舶外尚包括通信、兵技（兵器技術）、航技、（航空技術）等計五種。[2]

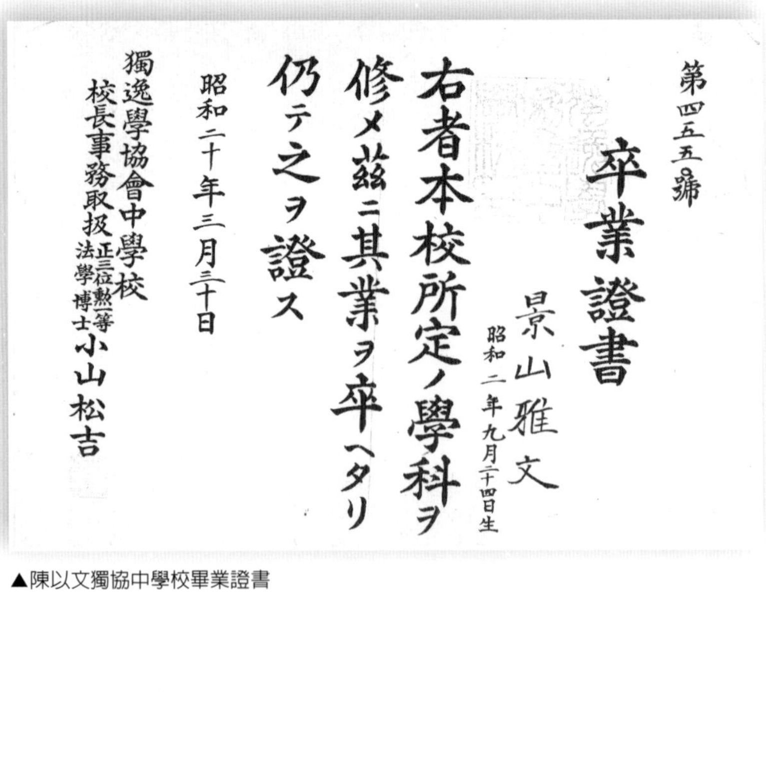
第四五五號

卒業證書

景山雅文
昭和二年九月二十四日生

右者本校所定ノ學科ヲ修メ茲ニ其業ヲ卒ヘタリ
仍テ之ヲ證ス

昭和二十年三月二十日

獨逸學協會中學校
校長事務取扱 正三位勲一等 法學博士 小山松吉

▲陳以文獨協中學校畢業證書

以文為何選擇特幹？其實很簡單，因為特幹的晉升速度快。舉例來說，非特幹剛入伍時是二等兵，特幹入伍時的階級是一等兵，經過半年升為上等兵，一年升為兵長，一年半生為伍長（相當於中華民國國軍的下士），兩年後就是准尉。像以文這樣的特幹，到終戰時共有一萬多人，其中也有人成功升任少尉。[3]

以文的故鄉臺灣，早在一九四二年開始徵召陸軍特別志願兵，隔年開始實施海軍志願兵，以文出身地的宜蘭，不少青年在這段時間入伍。宜蘭人從軍後分派的地點不是在島內就是前往中國、南洋。事實上在這之前，宜蘭地區就有人以軍屬、軍夫的身分前往中國、南洋。軍屬雖是軍中的僱員，但薪水不低，但是前述的陸軍、海軍志願兵、特幹是軍人身分。

特幹試驗包括身體檢查、口試，身體檢查就是手持受驗票，先後檢查身高、胸圍、體重、視力、色盲、聽力、內臟，最後是身體的各部位，陰部、肛門的檢查。以文參加的是航空兵科，航空兵科中又分操縱、整備、通信，以文第一志願是操縱，也就是飛行兵。[4] 要成

---

2. 寺田進雄著、廖為智譯，《日本軍隊用語集》（臺北：麥田，一九九九），頁一五七－一六〇。
3. 寺田進雄著、廖為智譯，《日本軍隊用語集》（臺北：麥田，一九九九），頁一五七－一六〇。
4. 浦田耕作，《陸軍特別幹部侯補生よもやま物語》（東京：光人社，一九八五），頁十四－十六。

▶陳以文入伍前的獨照。其背後、手上拿的太陽旗，可看到「武運長久」的字樣與親友的簽名

▼陳以文（後排左六）入伍前的合影。岩間親子女士（前排左二）、森院長夫人（前排中坐者）、內田德女士（院長夫人左後方）皆有入鏡。前排左一則為以文的好友，岩間君

爲飛行兵之前，受測者要手握操縱桿，只要目標跟得越準分數就越高。可能因爲緊張影響表現，兩星期後，以文收到了不合格的通知。以文本以爲從軍夢破碎，但是在九月份，他卻收到了整備兵的錄取通知，而且十月就要入伍。以文何以先收到操縱不合格，日後又收到整備兵的通知，其實，這是因爲陸軍人才不足，所以表面上是志願制度，實際上是半強迫的性質，就算考試繳白卷，也會被打合格的分數。5

5. 寺田進雄著、廖為智譯，《日本軍隊用語集》（臺北：麥田，一九九九），頁一五八。

陳以文入伍前夕的晚宴，右五為森院長夫人、右六為内田德女士

森院長夫人

以文入伍後，緊接著接受長達半年的訓練。受訓的地點，在青森縣的八戶，負責訓練的是八戶教育隊（隸屬所澤陸軍航空整備學校）。

以文離開東京之前，眾人爲他舉辦了壯行會。來參加的人大部分是學校的同學、朋友。少年們在太陽旗上簽下名字，並寫下力字。有別於女性縫製的千人針，男性提筆在太陽旗上寫下力字，稱爲千人力。如此入伍前的習俗，不管是在日本或臺灣皆可看到。大家按照慣例合照，在相片之中，主角以文側著臉、看著遠方。以文的少年朋友們的臉上也和他一樣，帶

森院長夫人

陳以文生母李寶

著純眞、稚嫩的笑容，似乎準備去遠足，而不是上戰場。森喜滿（前宜蘭醫院院長森滋太郎的夫人）、岩間親子（以文友人岩間君的母親）兩名女士微笑地坐在桌前，旁邊站立的則是內田德女士（陸軍彈丸工廠作業員，非常照顧以文），雖然以文的母親李寶已不在人世，然而對身處異鄉的他而言，這幾位偉大的女性們，適時塡補了母親的角色。

八戶教育隊

以文預定在八戶教育隊受訓半年，八戶位在青森縣東南部，是座面對太平洋的海港城市，以文從東京至此，必須搭乘火車，陪伴以文北上的，是哥哥鎮榕與弟弟成章。抵達八戶後，以文坐上卡車，前往基地，鎮榕與成章返回橫濱。接著半年，以文就在此學習飛機修護。幸運的是，以文和其他人都是同天報到，眾人皆是初年兵，否則，按照部隊的文化，要稱呼先來者爲前輩。即使對方只早你兩天進部隊，也是如此。

以文隸屬的八戶教育隊木村隊，大隊長名爲

陳鎮榕（陳以文二哥）

木村辰次，下有區隊長，名爲風間悌次，區隊長下有班長，名爲松下杉男，松下班長時常手持木槍，將擺放好的個人物品，或是摺好的棉被弄倒，此爲做「颱風」。如果床單上被畫魚，就要重洗床單，因爲「魚口渴了，想喝水」。

每天，部隊有例行集合，也有緊急集合。有一次因爲有逃兵，部隊緊急集合，當喇叭聲響起時，許多人來不及換裝。有的人衣服沒穿好、以文則是釦子沒扣好，全班二十八人中有六人服儀不合格。

服儀不合格，勢必有所懲罰，松下班長命令所有人站在走道，面對面互相掌嘴，當他發現打得太輕，還親自示範。大家看到「示範」後，只能用力地打，事後再向對方致歉。掌完嘴後，以文越想越不服氣，乾脆不睡了，默默地站到班長

做「颱風」

室的外面。以文此舉，激怒了松下，於是命令他接著一週都要在班長室工作，以就近看管他。

松下本以爲以文個性冥頑不靈，需要嚴厲教育，沒想到以文在班長室期間，手腳靈敏，態度認眞。雖然他飛機維修的成績不佳，又頂撞班長，但內務卻做得不錯。也因此，松下對以文的觀感逐漸改變。松下雖然嚴厲，卻也是個照顧下屬的好班長，當他從伍長升任軍曹時，還帶以文一起去酒保。以文跟著松下伍長，不用擔心酒保內的老兵。窗外正下著雪，兩人喝了酒，還吃了烏龍麵。

酒保是部隊內的賣店，可視爲日軍的營站（合作社）。在酒保，可以吃到熱食，像是黑輪、烏龍麵、蕎麥麵，如果想吃點心的話，酒保有紅豆麵包、甜納豆、和菓子。就算只喝飲料，酒保也有賣彈珠汽水、蘇打、蜜柑水，以及酒類。除了賣吃的，酒保也有賣日用品，像是毛巾、肥皀、齒磨粉、明信片。酒保也是有潛規則的，初年兵一般來說都不太敢去酒保，除了不成文規定之外，酒保裡面充滿著不懷好意的老兵，就算去了也只是被欺負而已。那如果眞的有需要怎麼辦？新兵可以委託熟識的老兵代買。如果代買的是和菓子的話，老兵會默默放在初年兵床位的毛巾下，等到熄燈就寢，初年兵就能蓋著棉被、偷偷地享用。6

教育隊每個月都發給以文十一圓的津貼，不太需要家裡的金援，家裡若要寄錢來，還必須經過部隊許可，部隊收到錢後再轉交給本人。此外，木村隊長要求陳家寄送給以文「雙親（或可替代者）的照片」，如果沒有照片的話，建議儘早拍攝。礙於史料限制，陳家或者是森家是否有寄照片來不得而知。以文倒是留下一張結訓後與兄弟們的合影。若將這張照片，與半年前壯行會的合照相較，以文已從過往的稚嫩少年，蛻變成堂堂的帝國陸軍軍人。

6. 寺田進雄著、廖為智譯，《日本軍隊用語集》（臺北：麥田，一九九九），頁二四五－二四七。富沢繁，《新兵サンよもやま物語》（東京：光人社，一九八一），一一五－一一八。

八戶教育隊結訓，陳以文獨照

八戶教育隊結訓，陳以文（前排右一）與同袍合影

結訓

一九四五年三月底，以文和同學們穿上特幹制服、戴上軍帽合照。四個人胸前別著整備兵胸章。以文坐在前排，雙手微微外張，看似舊時代的武士。

就在以文受訓的這段期間，美軍登陸菲律賓。接著日本的陸海軍決定在滿洲配置對蘇聯作戰的部隊。只不過，駐防滿洲關東軍的精銳部隊已先後調離，戰略物資也不足。一九四五年四月一日，以文的訓練進入尾聲，美軍繼登陸菲律賓之後，登陸琉球。接著，有可能登陸本土，日本準備進行本土決戰，此即「決號作戰」。根據「決號作戰」的方針，大本營將陸軍航空士官學校的飛行教育部隊移往滿洲。將滿洲作爲飛行員訓練的基地，而培養出來的飛行員則投入決號作戰。四月六日，蘇聯宣告不延長「日蘇中立合約」，日蘇之間開戰只是時間的問題。決號作戰的實施，也間接地影響以文的命運。[7]

7. 日本防衛廳防衛研修所戰史室編撰、曾清貴譯，《關外陸軍航空作戰》（臺北：國防部史政編譯局，一九八八），頁七九〇－七九三。

前往滿洲

結訓後，以文和同袍們搭乘火車離開八戶。一九四五年四月十日，眾人抵達琦玉縣入間郡的高荻，高荻鄰近東京，地勢低平寬闊，適合作爲機場用地。一九三七年，陸軍省買下此處一部分的土地興建機場，一九三九年正式啓用。

以文在機場待命。像以文這樣的特幹在結訓後，接著就是分發到各部隊服役。由上面長官決定留在日本，或者是前往外地，有人留在本土，也有人前往滿洲。

滿洲作爲飛行員的訓練基地相當適合，因爲日本本土空襲加劇，嚴重妨害飛行教育的實施。雖然蘇聯在北邊不時有挑釁行爲，但不比登陸琉球的美軍。只是關東軍也有注意到，蘇聯自從二月起，開始將兵力往東邊移動。同月，陸軍航空士官學校也派出滿洲特遣隊，成員爲該校第二學生隊（第五十九期生，學生隊長是立山武雄大佐）。8

一九四五年四月十七日，以文與齊藤久男、蛸谷勝、金子健次郎三位同期生，以及滿洲特遣隊一同赴滿。要前往滿洲的人，一批搭乘軍機，一批搭船。船從富山縣伏木港出發，在朝鮮元山上岸後，再換乘火車北上。

相對於乘船，以文穿著飛行服向部隊長行禮，以文從未搭過飛機，突然覺得自己好像要去旅行，帶隊隊長向部隊長簡報人數、目的地。接著坐上俗稱「紅蜻蜓」的教練機。紅蜻蜓只是綽號，正式名稱是陸軍九五式一型練習機。以文坐在教練機的後座，起飛後，機與機之間的距離不遠，打開窗戶，就可以看到友機同僚的臉。

前往滿洲的中途，飛機會多次降落加油。第一站在岐阜縣停留，飛機原定加滿燃油後就要起飛，剛好碰到美軍B－29機群來空襲，等到B－29離開後才出發。

接著，先發隊飛往美保飛行場，美保飛行場位在鳥取縣，隸屬海軍管轄。此時，隊上的九七式運輸機，因爲引擎故障，晚了一個小時才抵達。九七式向來都是運送軍用物資，這次則是搭載一群航空士官生。以文搭乘的教練機讓給士官生們，在隔天一早搭乘赴滿，以文等人在原地等待，一星期後，再搭乘修復完成的九七式赴滿。

九七式是大型機，引擎比較重，起飛的過程中爲平均重量，九到十個人要站到尾端，飛機順利起飛後，才可以入座。九七式從美保飛行場起飛後，進入日本海，以文看著窗外，爲日本海的美景所吸引。九七式進入朝鮮後，先後降落在釜山、大邱、平壤。以文因爲穿著飛行服，看不出軍階，曾有少尉對他敬禮，以文是上等兵，只能心虛地回禮。

8. 日本防衛廳防衛研修所戰史室編撰、曾清貴譯，《關外陸軍航空作戰》，頁八一五－八四三。

九五式練習機實際飛行的照片，遠方隱約可見富士山

陳以文所搭乘的陸軍九五式練習機模型，盧德真攝影

以文從八戶前往滿洲杏樹的路線圖

風雲隊

以文的目的地是滿洲，以下將簡單介紹以文來到滿洲之前，滿洲與日本之間的關係。滿洲由前述的關東軍駐防，早年，日俄戰爭結束後，日本從俄國手中獲得關東州與滿鐵附屬地。日本陸軍在關東州與滿鐵附屬地的部隊被稱作關東軍，在過去，關東軍被稱作日本「皇軍之花（皇軍の花）」。關東軍始終以蘇聯爲假想敵，是「北進」性格強烈的部隊。關東軍不斷干預中國內戰，之後在滿洲事變、滿洲國成立的過程中，關東軍都扮演重要角色。

此外，滿鐵也與臺灣總督府有所淵源，滿鐵的第一任總裁，就是後藤新平，不少滿鐵職員，曾任職於臺灣總督府。其後，一九三三年滿洲國成立。在日滿一體化的方針下，滿洲國的國策爲重工業化與日本農民的移住。中日戰爭爆發後，滿洲工業化的方向轉以軍需物資的生產爲主，而關東軍部分兵力調往中國戰場。

中日戰爭的擴大，讓防守滿蘇邊境的關東軍感到憂慮，一九三八年的日蘇在邊境的張鼓峰發生衝突。一九三九年五月，日本與蘇聯在滿洲國與外蒙古邊境的諾門罕，再次發生衝突，結果蘇聯獲勝，同年九月日、蘇簽訂停戰協議，諾門罕戰役的意義在於，它使得日本擱置北進的方針。而部分的日本陸軍士兵成爲俘虜被帶往西伯利亞。

北進雖然擱置，但不代表關東軍就此安分，一九四一年六月，關東軍舉行「關特演（關東軍特種演習）」，關特演的背景在於德軍大舉東進，日蘇雖然簽署停戰協定，但關東軍內部支持北進的聲音一直不斷。只不過關特演結束之後，關東軍並未北進，同年八月九日，日本陸軍訂定了《帝國陸軍作戰要領》，根據這個作戰要領，可說是正式放棄北進。日蘇簽訂停戰協議之後，日蘇之間維持數年的和平。此後，關東軍的部隊先後被抽調往南方的中國與東南亞戰場。

以文抵達滿洲之前，關東軍已大量南調。留在滿洲的關東軍與昔日的關東軍早已不同，儘管如此，面對北境蠢蠢欲動的蘇聯部隊，關東軍並非毫無準備。不過，日本防衛滿洲的重點在於南滿，駐紮滿洲的第二航空軍雖然有意將北滿的部隊往南滿移動，但是，此舉可能會影響北滿住民的士氣，而且會暴露日本有意鞏固南滿的企圖，所以沒有行動。滿洲的飛行部隊佈署在南滿，而「飛行教育」部隊分布在北滿，當蘇聯軍隊一南下，這些飛行教育部隊會轉變為戰鬥部隊。這種將主力部隊放在南邊的配置，意味著以南滿為優先；位居前線的北滿，則配置飛行教育部隊。[9]

9. 日本防衛廳防衛研修所戰史室編撰、曾清貴譯，《關外陸軍航空作戰》，頁七八一－七八九。

滿洲派遣隊分多梯次前往滿洲，派遣隊總人數約有兩千三百人，共有一百五十架九九式高級教練機與一式教練機飛往滿洲各個基地。此外，五百架四式教練機在拆解後運抵滿洲，陸軍航空士官學校的學生再將其組合。[10] 一九四五年四月二十九日，以文抵達杏樹，當天剛好是天長節，[11] 以文領到慶祝的紅、白色饅頭。杏樹的正式名稱爲東安省勃利縣杏樹村，杏樹村有火車站、警察署、郵便局、陸軍的機場。若從杏樹火車站上車，往北可到佳木斯，往南的話可到牡丹江市。勃利街就位在杏樹往南的第一站，日本移民組成的開拓團集中勃利街附近，分別是羅圈河開拓團與長興鹿島臺開拓團。[12] 陸軍航空士官學校在滿洲設有九個分教所，其中杏樹有東分教所與西分教所。分教所類似以文的八戶教育隊，負責訓練陸軍航空士官學校的學生。以文服役的部隊是「滿洲第一二五部隊　羽第二五二一四部隊」羽第二五二一四部隊下，分爲數個中隊，駐在杏樹的是第二十二飛行教育中隊（通稱爲風雲隊），中隊長是有働少佐。[13]

就在以文抵達滿洲後不久，一九四五年五月初，納粹德國投降、希特勒自殺。軸心國只剩下日本還在作戰，東京與宜蘭也頻繁遭受空襲。五月三十一日，四架B－24轟炸機在戰鬥機的護衛下，從花蓮方向往北飛，對宜蘭市進行轟炸。造成市民一百四十多人不幸喪生。此時，陳家早已疏開至礁溪，而森院長夫人與以文的二哥鎮榕、大弟成章疏開至山梨縣，相對之下，此時的滿洲幾乎沒有遭受空襲。

很快地，滿洲進入五、六月，氣候炎熱，基地都是黃土，只有機場跑道是混凝土。雖然不常下雨，但只要一下就會變得泥濘。以文覺得滿洲的太陽似乎比較大、映照出的人影很長，是過去在宜蘭與東京，從未看過的美麗景色。

以文在部隊的生活規律，早上六點半，在部隊起床號響起時跟著起床，起床後有半小時的梳洗時間，七點集合，集合後就是工作時間。五月下旬，各飛行教育大隊開始實施飛行教育，由於滿洲天氣良好、沒有空襲，飛行教育的推展順利。

10. C16120601800「JACAR(アジア歴史資料センター)Ref.C16120601800、部隊行動概見表（其の１）資料通報E号　昭和26・10（防衛省防衛研究所）」。
11. 天長節：戰前天皇的生日稱為天長節，因此天長節日期會隨著天皇更迭而改變，戰後天長節改稱天皇誕生日。
12. 國際地學協會，《滿洲分省地圖》（東京：國書刊行會，一九八四），頁五三－五四。
13. C12120513400「JACAR(アジア歴史資料センター)Ref.C12120513400、陸密綴　昭和二〇年（防衛省防衛研究所）」。

以文的工作之一，是製作飛行教官的上課講義，製作的方式是在桌板鋪上蠟紙、石板，再用複寫紙複寫，好了之後再拿給授課教官。講義數量視當日的學生人數而定，上課的學生們是少尉候補者，[14]學生們利用德國製的「YOUNG MAN」練習機進行訓練。他們在訓練時，幹部候補生和軍屬在一旁協助檢查飛機、加燃油。以文複印完講義，就會前往內務班工作。內務班是士兵們生活起居的空間，每個房間有數十人士兵居住。每個人睡在一張窄小的床上。

以文始終覺得搭飛機來到滿洲，在部隊被分到內務班工作，應該是松下在以文資料上特別註明所致。事實上內務班的工作也不全然輕鬆，只是以文對這份工作比較熟悉。想到這裡，以文不禁由衷感謝松下班長的苦心，明明是整備專長，卻在滿洲的部隊負責內務班，然而以文喜歡自己的勤務，在連隊生活很愜意，以文除了製作講義之外，也負責收發、蓋章，或者幫忙倒茶、清理菸灰缸等雜務。

晚餐後到九點吹熄燈號前，都是個人的自由時間，以文能夠出入營區，外出要配戴臂章，衛兵看到臂章，就不會多加阻攔。以文因爲常常外出跑腿，識別臂章幾乎都是他在使用，若沒有外出，以文常和同僚們聚在一起聊天。

有一次，以文不小心闖入軍官俱樂部，沒過多久就被憲兵發現，以文推託說，自己是要幫部隊採買東西而不小心闖入，幸好最後只被口頭警告。

雖然接近前線，但以文的部隊，並非作戰部隊，而是屬於訓練性質的部隊。兩者有何不同呢？前線單位才配有慰安所，作戰部隊的士兵不時收到慰問袋，這些慰問袋是由日本本土的主婦、年輕女學生們製作。這些慰問袋被送往前線，士兵收到後打開，裡面可能裝有牛奶糖、餅乾、美女圖片等等。[15] 但如同前述，不是每個部隊都會收到慰問袋。以文的部隊，駐地儘管離滿蘇邊境較近，如果蘇聯軍隊南下，相對於南滿洲，這裡才是實質意義上的前線。實質的前線，駐守的卻是負責訓練的部隊，似乎有些弔詭。

所以，不要說慰安所，以文甚至連慰問袋都沒有拿過。他身上帶著的，只有一面日章旗，上面寫滿了朋友的簽名。

14. 少尉候補者：在日本陸軍的制度當中，成為現役的少尉之前，必須接受一段教育，在這段期間的身分就稱作少尉候補生，少尉候補生是從現役的准士官、下士官（皆為舊日本陸軍階級）當中特別選拔而出。https://www.weblio.jp/content/%E9%99%B8%E8%BB%8D%E5%B0%91%E5%B0%89%E5%80%99%E8%A3%9C%E8%80%85

15. 寺田進雄著、廖為智譯，《日本軍隊用語集》，頁二七三。

在滿洲的各種經驗

以文的同袍們，大多來自日本本土，也有來自朝鮮。以文是隊上唯一的臺灣人，但這不影響以文在部隊受到的待遇。而且他早已改了日本名（景山雅文），日語就是他的母語。以文從小受教育的過程，和一般日本人無異，以文從小學校畢業後，還是班上少數前往內地升學的人。以文與部隊的同袍相處一段時間後，同袍才知道他是臺灣人，但也沒有因此就受到差別待遇。事實上，讓臺灣人最深刻感受到差別待遇的地方，就在臺灣。許多臺灣人一離開臺灣，不管是前往日本本土就學、經商，或者是前往滿洲，以及比較南邊的華中、華南、東南亞，這些地方其實都爲臺灣人提供各種發展機會。以滿洲爲例，來到滿洲的臺灣人，並非全部都像以

滿洲國皇帝溥儀（時光補丁提供）

文這樣，待在軍隊裡。相對地，許多臺灣人來到滿洲，來依親、經商、讀書者不少。

臺灣人大多住在城市裡，若前往大連、新京、哈爾濱等大城市的街上，還可以看到臺灣醫師經營的醫院，大連的博愛醫院，就是由臺灣人孟天成設立。

滿洲的學校，像是建國大學、滿洲醫科大學、新京醫科大學等，都有不少來自臺灣的學生。滿洲國的政府中，皇帝溥儀的御醫黃子正、外交總長謝介石都是臺灣人。滿洲的會社也有不少臺灣人成員。單以關東軍來說，以文也不是唯一一個在關東軍服役的臺灣人，只是人數不像南洋戰場那麼多。像是湯守仁、鍾謙順，都是在關東軍服役的臺灣人。

理所當然，以文認爲自己是日本人，並沒有太認眞看待自己臺灣人的身分。身處在滿洲國，以文只覺得，這裡居然是一個國家，還有皇帝呢。滿洲國也有自己的軍隊，稱作滿洲國軍。滿洲國軍總數八萬人左右，大多都由滿洲人組成，主要維持國內治安。滿洲國軍是由滿洲國軍政部所指揮，軍政部是由日本軍官、教官、顧問所構成。以文覺得，滿洲國軍就像是自己人，若對方軍階較高，一樣要向對方行禮。在以文的周遭，除了會遇到滿洲國軍的滿洲人，部隊的伙房也有滿洲人廚師。這些廚師對以文不錯，操著滿洲腔的日語和以文談話，每當以文前往伙房時，廚師等到其他人走了之後，常會多塞幾顆饅頭給他。

以文除了待在杏樹，還去過牡丹江。一九四五年六月。某日，以文與班長，搭乘火車前

牡丹江市區熱鬧街景

牡丹江車站

牡丹江銀座通街景

另一角度的牡丹江銀座通街景

往牡丹江。牡丹江是滿洲的工業都市，許多外來人口，紛紛湧入。許多日本會社，也在此設立木材加工廠、化學工廠、食品工廠等。以文此行，目的是將部隊的劍道護具，送回牡丹江的經理倉庫。

從杏樹到牡丹江，車程大約七個多小時左右，有兩班車可搭，一班是下午一點十二分發車，晚間八點三十三分抵達牡丹江。另一班是凌晨兩點十三分發車，早上十點抵達。杏樹到牡丹江之間，隔著十六個車站，先後是勃利、通天、佛嶺、虎山、青山、亞河、古城鎮、林口、向陽、楚山、竇林、七星、仙洞、五河林、柴河、樺林。其中勃利、林口是大站，列車都會在此停靠十分鐘才發車。

以文和班長在晚間抵達牡丹江，還在那兒

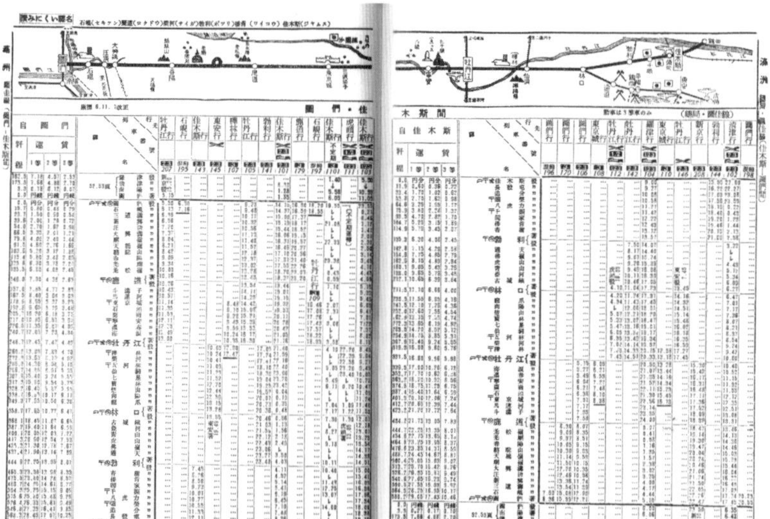

列車時刻表

過了一夜，隔天才回杏樹。如此看似悠閒的生活，可說是以文在滿洲部隊的寫照，不過，所謂歲月靜好的日子，只是因爲北邊的蘇聯，尚未有所動靜而已。[16]

開始撤退

其實，日本在五月底，就判斷蘇聯在遠東的部隊人數，已超過一百萬人，戰車有兩千輛，飛機更多達四、五千架。一九四五年六月中旬以來，美軍佔領琉球。七月，關東軍完成對蘇聯的作戰計畫，預定在八月底，對蘇聯的作戰準備就完成。關東軍判斷，在七月，蘇聯會完成第一波的集結，蘇軍雖然隨時可以進攻滿洲，但是任何軍隊，都需要後勤補給，而蘇聯後勤部隊，要到十月以後才會集結完成，因此，關東軍判斷蘇聯不會在近期南下。不過，這可說是關東軍一廂情願的判斷，事實上，根據邊界傳來的情報都顯示，蘇聯有可能提早南下。提早南下的理由，其實很簡單；因爲入冬，積雪會使行軍困難。[17]

16. 日本鉄道旅行地図帳編集部編，《滿洲朝鮮復刻時刻表　附台湾・樺太復刻時刻表》（東京：新潮社，二〇〇九），頁四八－四九。
17. 日本防衛廳防衛研修所戰史室編撰、曾清貴譯，《關外陸軍航空作戰》，頁八一五－八二四。

儘管如此，關東軍內部，對於蘇聯何時會進攻，還是缺乏共識。一九四五年七月下旬，駐紮在滿洲國東境虎林、虎頭的部隊發現，在烏蘇里江對岸的蘇軍正在堆積渡河資材，更南邊，駐紮在綏芬河市的部隊也發現，對岸的蘇軍在實施砲兵的戰術演練。

事實上，不管關東軍如何地一廂情願，根據《關外陸軍航空作戰》一書的記載，蘇聯的遠東部隊有一五七萬七，七二五人，火炮二六，一三七門、戰車與自走砲共五，五五六輛，飛機三，四四六架。集結這麼大規模部隊的用意，無不顯示蘇聯派軍南下的意圖。在人員、裝備爲數龐大的蘇軍面前，目前駐在滿洲的關東軍，早已不是皇軍之花，而是待宰的羔羊。關東軍部隊爲四四萬三，三〇八人，戰車與自走砲一，一五五輛，飛機大約一，八〇〇架。撇開人員的數量，光是戰車、自走砲，以及飛機的數量上，關東軍明顯居於劣勢。[18]

一九四五年八月六日，美軍在廣島投下原子彈，同一天，蘇聯軍隊越過邊境，對虎頭的日軍崗哨發動攻擊，不過，蘇聯軍隔日就撤退，沒有繼續前進。關東軍高層認爲，這次的行動與規模，雖然不太尋常。但只要自身「忍讓謹愼」，對方自然也會後退。若從此種邏輯來看，這次的攻擊事件，只是微不足道的邊境小騷動。關東軍高層認爲，北邊的蘇聯短期內不會南下，然而，滿洲派遣隊配置在各機場的各中隊，卻對蘇聯的動向有著嚴密的警戒。[19]

三天後，也就是八月九日凌晨一點。滿蘇邊境的東寧、綏芬河，開始湧進大批蘇軍，牡丹江市也遭到空襲。十個小時後，美軍的B－29轟炸機在長崎投下原子彈。不久，以文得知廣島、長崎被爆的消息。以文所屬的第二十二中隊，開始撤退。因爲東境有蘇聯的軍隊入侵，所以無法往東南撤。以文跟著部隊，沿著山邊撤退到哈爾濱。撤退的同時，沿途百姓們，早已將日章旗換成青天白日滿地紅旗。由於蘇聯空軍不時會來轟炸，當地的百姓先是舉了白旗，但因爲白旗與日本國旗相似，白旗越多的地方，反而遭到更激烈的轟炸。後來百姓決定趕製中華民國國旗，因爲是趕工出來的旗子，不是大小不一、就是青天白日的光芒數不對，但是乍看之下，家家戶戶都飄著紅旗，蘇聯軍機也就停止轟炸。[20]

滿洲當地居民，看到日軍撤退，想偷日軍軍品的人變多了，用當地人的術語來說，叫做搶「洋撈」，如果碰到搶洋撈的人怎麼辦？以文擔任衛哨時，就曾大聲喝斥，並把槍上膛。上膛不是眞的要擊發，而是爲了嚇小偷，槍裡面根本沒子彈。果然，小偷聽到上膛的聲音就逃走了；事實上，當地人就算偷到軍品，等到蘇聯軍隊進駐，也會再從他們手中奪走這些物

18. 日本防衛廳防衛研修所戰史室編撰、曾清貴譯，《關外陸軍航空作戰》，頁八四五－八五五。
19. 日本防衛廳防衛研修所戰史室編撰、曾清貴譯，《關外陸軍航空作戰》，頁八一五－八一七。
20. 中國人民政治協商會議黑龍江勃利縣委員會文史資料研究委員會編《勃利文史資料 第十輯》（出版地不詳：出版項不詳，一九八八），頁一七六－一八一。

VIEW OF THE KITAISKAYA STREET. (WHARF TOWN) HARBIN.
ハルビン埠頭區キタイスカヤ街

哈爾濱 驛前の雜踏
THE BASTLING SCENE IN FRONT OF
THE HARIBN, STATION.

哈爾濱街景

品。[21]

八月十二、十三日，天空出現兩架蘇聯機，雙機盤旋，只是偵察，並未攻擊。滿洲不像東京、宜蘭，以文不需過著躲空襲的日子，但隨著蘇軍南下，以文也看到了蘇聯機。

八月十四日，關東軍收到來自滿洲通信社的消息，此消息爲：「停戰、十五日將有重要廣播」。八月十五日，天皇玉音放送。關東軍在玉音放送後開始四散。以文直到十六日，才在哈爾濱得知終戰的消息。隔天，以文的部隊接到空投的投降命令，並再度撤退。

以文隨部隊移動，一邊思考著未來，只覺不知何去何從。如此地步，不知還能否穿著軍服回鄉，讓父親以此爲榮。以文原本寄望的人生道路，現在不知道會將他帶往何方？

不知道何去何從的，還有以文的同袍們。前面提到，以文的部隊專門訓練飛行員，其中，隊上有一位少尉候補者，名爲今泉丈彥，他才剛學會飛機的起降，戰爭就結束了。以文和今泉丈彥，以及無數的年輕人，就這麼跟著部隊移動。許多人都有「戰爭結束了，應該可以回家吧」的感覺。

21. 中國人民政治協商會議黑龍江勃利縣委員會文史資料研究委員會編《勃利文史資料 第十輯》，頁一七〇－一七五。

十七日，以文的部隊接到空投的投降命令而撤退，撤退的過程，以文從未看到國民黨或共產黨軍隊。除此之外，在滿洲國還有許多日本民人，以文曾親眼目睹日本婦人爲了逃走而女扮男裝，企圖潛逃至朝鮮再回日本，最後是否成功，不得而知。

十八日，以文的部隊撤退到敦化，敦化位在吉林省。部隊在當地解除武裝，就地紮營。航空士官學校滿洲派遣隊當中，以文隸屬的杏樹第二十二中隊，以及第二十三中隊（駐紮在溫春）、第二十八中隊（駐紮在海浪）的人員未能撤回日本。同一天，滿洲國執政溥儀宣讀退位詔書，溥儀未能成功逃離滿洲國，而是在奉天飛行場，遭到蘇軍逮捕，溥儀和其兄傅傑被送到西伯利亞。

八月下旬，關東軍各級部隊，幾乎都停止了與蘇軍之間的衝突。九月初，關東軍司令官山田乙三，參謀長秦彥三郎，第二航空隊司令官原田宇一郎等人被移送往蘇聯境內。他們被拘留在蘇聯長達十一年，直至一九五六年才返日。22

蘇聯兵

以文在敦化繳械，停留在敦化的兩個月期間，一舉一動都受到蘇聯兵監視，他看著四周的蘇聯兵，發現他們軍服很破舊，有的兵根本還是少年。這些兵喜歡搶奪日軍身上的各種物品，以文的手錶、鋼筆、肥皀等，都被搶走了。蘇聯兵特別喜歡手錶，因爲帶回國內可以賣錢，以文曾看過一個兵，手腕上竟有十數個手錶。特別的是，手錶的俄文發音，接近中文的「茶水」，蘇聯兵喊著茶水、茶水，曾有中國人眞的端茶水出來，結果被蘇聯兵打了一巴掌。

蘇聯兵不會只搶日軍的東西，前述提到，許多民眾從日軍處偷來的物品，最後都落入蘇聯兵的手裡。根據戰後初期留在東北的臺灣人回憶，蘇聯兵也會進入民宅，什麼都搶。

此刻，在敦化繳械的以文，還不知道他即將在西伯利亞度過一段苦寒的戰俘生活。

22. 山田乙三（一八八一－一九六五）：長野縣人，陸軍大將，曾參與日俄戰爭、日中戰爭。一九四四年七月起擔任關東軍總司令官。戰後，山田先後被拘留在哈巴羅夫斯克、伊萬諾沃的收容所內，直至一九五六年才返回日本。https://kotobank.jp/word/%E5%B1%B1%E7%94%B0%20%E4%B9%99%E4%B8%89-1657653（二〇二一年六月三日瀏覽）；秦彥三郎（一八九〇－一九五九）：三重縣人，陸軍中將，秦於一九四五年擔任關東軍參謀長，戰後也被拘留在西伯利亞長達十一年的時間，直至一九五六年才返回日本。https://kotobank.jp/word/%E7%A7%A6%20%E5%BD%A6%E4%B8%89%E9%83%8E-1652552（二〇二一年六月三日瀏覽）；原田宇一郎（一八九〇－一九七三）：滋賀縣人，陸軍中將。終戰時，原田為第二航空軍司令官，爾後亦被拘留在西伯利亞，直至一九五六年才返回日本。https://ja.linkfang.org/wiki/%E5%8E%9F%E7%94%B0%E5%AE%87%E4%B8%80%E9%83%8E（二〇二一年六月三日瀏覽）。

第二章

西伯利亞時期

成為戰俘

以文在敦化這段期間，東北的局勢有了變化，整個東北雖然是國民黨接收，但國民黨影響力僅限於都市，鄉間多為共產黨盤據。根據中蘇簽訂的友好同盟合約，日本投降後三個月內，蘇聯的軍隊必須撤出東北。蘇聯軍利用這段時間，將東北工廠設備，像是機器、馬達，以及一些物資，如麵粉等等載運回國。並且將關東軍的槍枝，配發給中國共產黨使用。

蘇聯軍不只打工廠設備與物資的主意，還打算利用投降的日軍作為人力。其實，日本投降後一週，史達林就下令移送關東軍戰俘。關東軍就像被拆解的工業設備一樣，一車車地送進蘇聯。為何蘇聯要這麼做？若以蘇聯的角度來說，蘇聯的青壯年人口，在兩次世界大戰大量消耗，光是二戰，蘇聯軍民就死了兩千五百萬人，而且蘇聯在歐洲的工業區，也遭德軍重創。

缺乏勞動力、國土被破壞嚴重。而重建工程也需要勞動力的挹注，那麼，勞動力要從哪來，監獄內的囚犯，以及因戰爭獲得的俘虜，就是很重要的勞力來源。蘇聯的俘虜來源，不只有日軍。過去，蘇聯在西邊與德軍交戰，德國戰俘，是其中人數最多的。接著才是日本戰俘。根據一九四五年的統計，蘇聯拘留了四百一十七萬人，德軍俘虜超過半數，有兩百三十八萬人。其次是日軍，有六十三萬人；剩下的俘虜來自匈牙利、羅馬尼亞等國家。不同版本數字雖然有差異，但日本俘虜的人數，大概是六十萬上下。日本俘虜被帶往蘇聯境內各地，其中，六萬五千人被帶往中亞，兩萬五千人被帶往東歐，剩下四、五十萬人都在西伯利亞。二戰時，許多來自東歐的工廠，紛紛遷入西伯利亞，當戰爭結束，這些工廠並沒有遷回東歐，而是往更東邊、北邊發展。[1] 除了工廠，西伯利亞還有一條連結亞洲、歐洲的鐵路。這條鐵路興建於帝俄時期，二十世紀初，沙皇開闢西伯利亞鐵路，這廣大的地區開始緩慢發展。二戰末期，蘇聯在此地集結大量軍隊，並且南下入侵滿洲國。戰爭結束，這些駐守在滿洲國的日軍部隊，就成了蘇聯的俘虜。這些日軍，不像華北、華中的日軍，可以和平、迅速地復員。在蘇聯的眼裡，這些日軍是非常重要的人力，可幫助西伯利亞的各種建設。也因此，一九四五年九月至十二月間，蘇聯利用火車，將已投降繳械的關東軍（包含部分民人）送入境內。

1. ソ連における日本人捕虜の生活体験を記録する会編，《捕虜体験記7タイシェット・イルクーツク篇7（タイシェト・イルクーツク篇）》（東京：ソ連における日本人捕虜の生活体験を記録する会，一九八九），頁一－十五。

死亡行軍與列車

一九四五年十月，蘇聯將敦化的日軍編成多個中隊，以文被編入第五中隊，第五中隊的成員有軍官、兵、候補生、軍屬、開拓團成員，成員年紀最輕的十五歲，最老的五十歲，以文剛滿十八歲。隊員之中，以文只認識蛸谷勝，蛸谷是千葉人，是以文在八戶教育隊就認識的同期，也在杏樹服役。

一九四五年十月中，第五中隊花了一週的時間，從敦化徒步行軍至牡丹江，背後還有持槍的蘇聯兵不斷地驅趕。行軍沒有糧食配給，隊員曾生吃田裡的馬鈴薯，

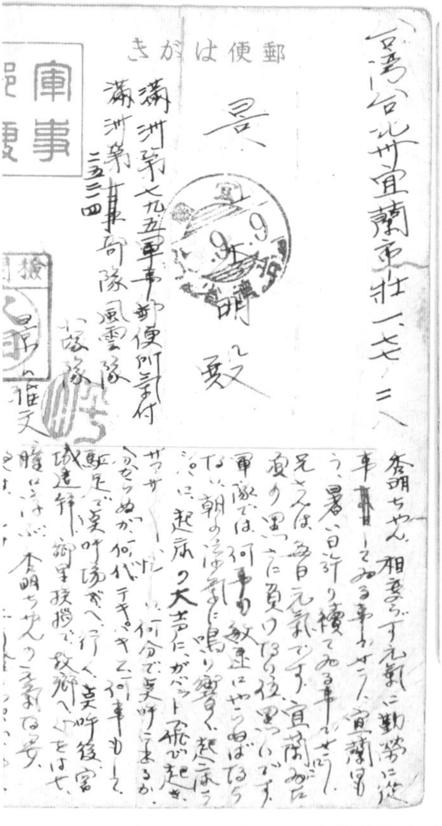

陳以文從滿洲寄回宜蘭的明信片，收件人景山秀明（陳盤銘）是陳以文之弟，此張明信片於戰爭末期寄出，直到戰爭結束後一年才寄到宜蘭

還有隊員吃到壞玉米而下痢。前往牡丹江的路上，以文曾看到橫躺路上的同袍屍體，屍體的頭還是扁的，似乎是遭到戰車輾壓過去。這場景或許觸目驚心，但對正在行軍，而且沒有糧食補給的第五中隊而言，當體能與精神到達極限，根本無暇注意路上，或是你的腳下踩到什麼。[2]

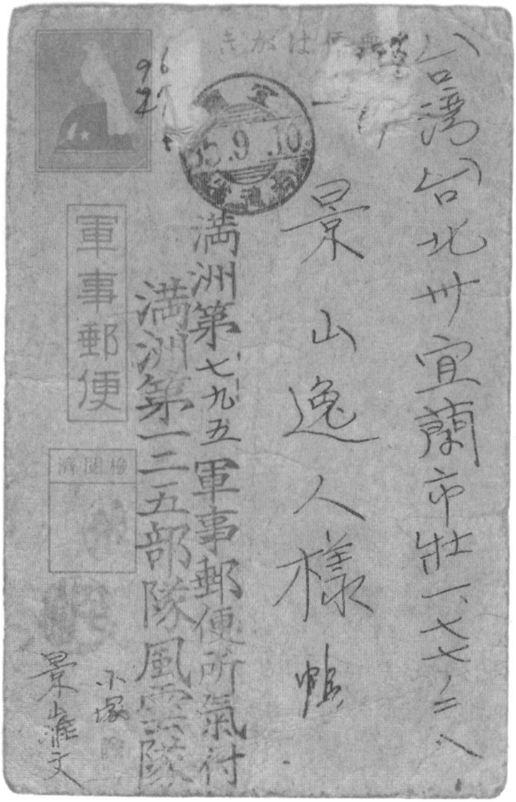

陳以文從滿洲寄回宜蘭的明信片，收件人景山逸人（陳土金）是以文的父親，而此時以文已在西伯利亞

2. 坂井幸弘，〈グリコン戦友愛〉收入平和祈念事業特別基金編，《シベリア強制抑留者が語り継ぐ労苦》第2巻（平和祈念事業特別基金，一九九一），頁三六五－三八一。

十月二十四日，第五中隊終於抵達牡丹江，緊接著，蘇聯兵拿著槍驅趕著隊員上車，一邊說著：「東京ダモイ！東京ダモイ！」，意思是「要回東京了」。許多人聽到東京，心裡不禁一振，終於可以回家了。

以文在牡丹江搭上火車，列車經綏芬河進入蘇聯境內。以文乘坐的是貨車車廂，每節搭載五、六十人，甚至有到一百人左右。車內的空間擁擠不堪，幾乎無法動彈。列車的木造車廂破舊，列車內沒有電燈，也沒有廁所。列車一到都市就會稍停，隊員們藉此下車小便，晚間自然也是睡在車廂。

如果是東京ダモイ，那麼終點站應該是沿岸的港口吧，或許是海參崴，不然就是鄰近的納霍德卡。海參崴是軍港，隊上有人認爲，日本的船

前往西伯利亞的列車內

隻不會在海參崴靠港，可能會在旁邊的納霍德卡等待。

十月二十七日，列車在伊曼（位在牡丹江東北方）停車。隊員下車放風，隊員想知道莫斯科的方向，詢問站內的婦人與少年，結果對方都是搖頭以對，有隊員猜測，不知是否蘇聯對居民下了封口令，才會一問三不知。與此同時，隊員開始起疑，有人觀察太陽升起位置、發現火車是往日本的反方向行駛，車廂內的氣氛逐漸低迷。3

隊員們逐漸明白，搭乘的列車並不是要送自己回家，而是往西伯利亞開去。西伯利亞分爲

3. 齋藤長太郎，〈シベリア抑留回想録ソ連軍の国境不法侵犯から抑留そして帰国までの経緯〉收入，《クリコン会報（追録Ⅱ）》一九九一年九月。

赤塔。《活著回來的男人》之主角・小熊謙二，就是在此度過漫長的戰俘時光

東、西部，東至太平洋，南邊與外蒙古、哈薩克交界。就地貌上，西伯利亞南部是草原地帶，草原逐漸往北是森林，而一列列載著戰俘的列車，就奔馳在西伯利亞草原上。

十月二十八日，列車在哈伐洛夫斯克（即伯力）停車，順便補充糧食。此時氣溫已逐漸降低，幾天後，隊員聽到「赤塔通過」時開始騷動。帝俄時期，赤塔是流放罪犯的地方，此時則設有收容日軍的收容所，《活著回來的男人》一書的主角—小熊謙二，就是待在赤塔的收容所。

幾天過後，車廂內有人大喊：「看得到日本海了」。但很快地，眾人發現這並非日本海，而是貝加爾湖。列車經過九天的行駛，十一月二日，抵達伊爾庫茨克，伊爾庫茨克是西伯利亞的重要都市，但這裡不是以文的終點站。兩天後，十一月四日，列車在伊爾庫茨克西北邊的泰舍特停了下來，第五中隊在此下車。

泰舍特

泰舍特，位在貝加爾湖西北方六百公里，泰舍特地區的收容所，收容了四、五萬的日本戰俘。泰舍特曾在日本的文學作品中登場，山崎豐子的作品《不毛地帶》中，主角壹岐正，就在泰舍特北方六十公里的車站下車。

第五中隊下車後，開始雪中行軍，和敦化到牡丹江的行軍相比，以文明顯感受天氣寒冷。根據歷史資料顯示，在一九四五年十一月四日這天，泰舍特的溫度降到零下八度，接下來的幾天雖然有回升，但到了十一月十日這天，氣溫直接下降到零下十一度。到了十一月底，泰舍特更出現零下二十四度的低溫。

在氣溫逐漸降低的同時，第五中隊在雪中行軍，隊上傷員搭著同袍的肩膀緩慢前進，由於食物嚴重缺乏，隊員只能與沿路居民換取食物。雪中行軍了三天，眾人先抵達在森林中的收容所。一星期後，中隊再前往六公里外的收容所。這個收容所，就是第五中隊的落腳點，在地圖上標示爲一二〇K。

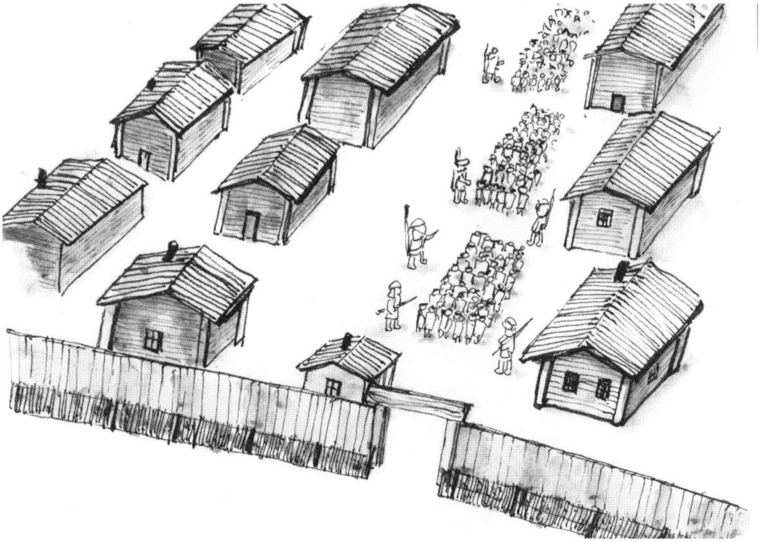

日軍戰俘在西伯利亞收容所內整隊、行軍

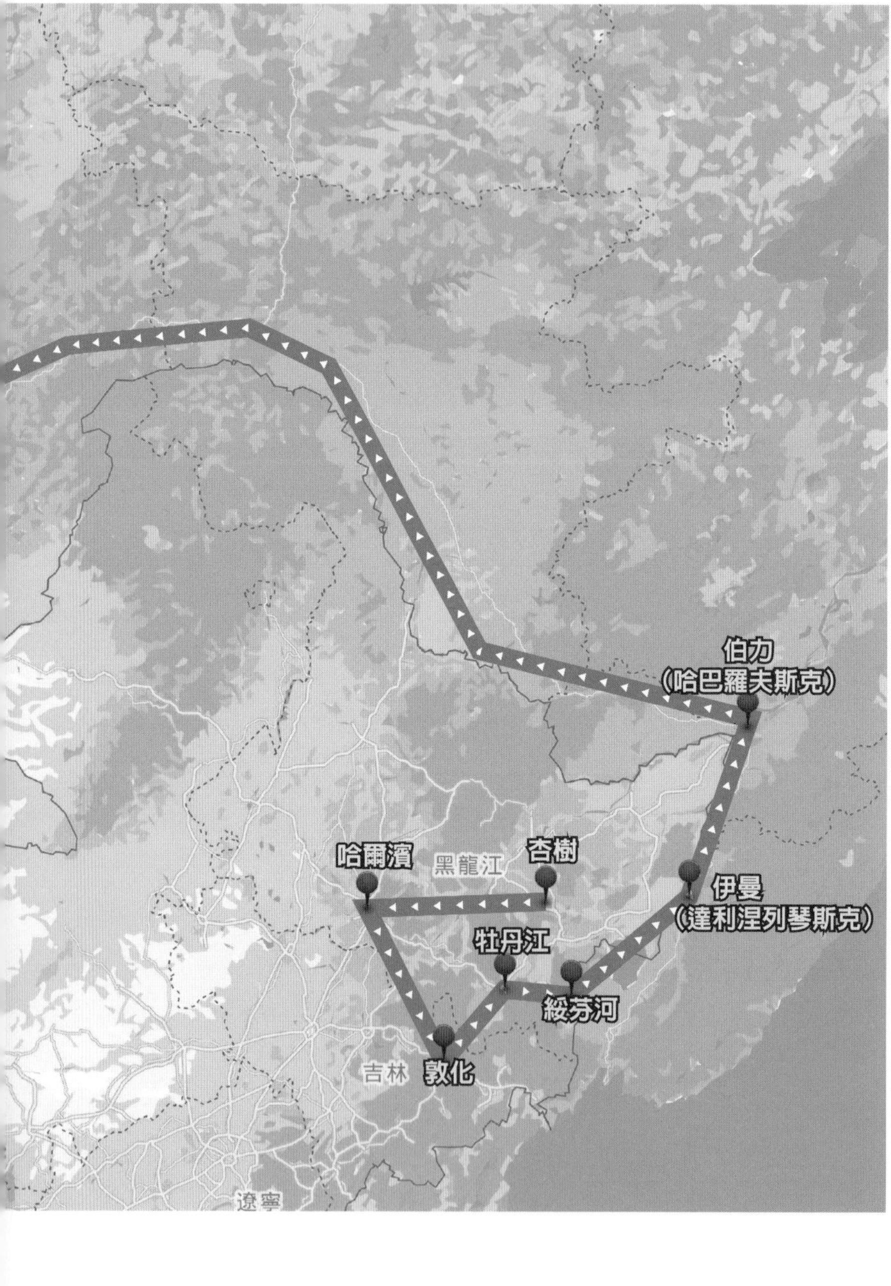
伯力
(哈巴羅夫斯克)
哈爾濱
黑龍江
杏樹
伊曼
(達利涅列琴斯克)
牡丹江
綏芬河
吉林
敦化
遼寧

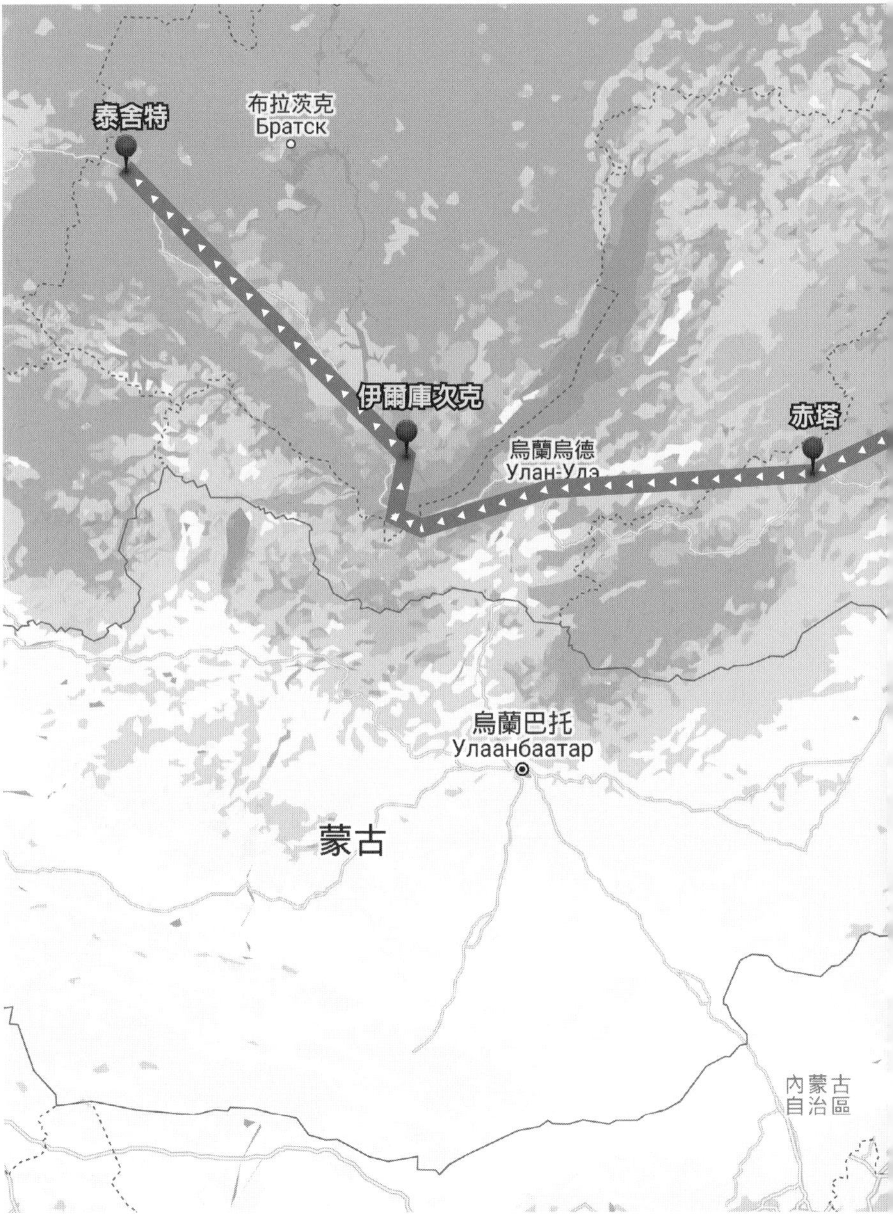

一九四五年八月初開始，以文隨部隊從杏樹至哈爾濱，在敦化解除武裝。駐紮在敦化一段時間後，徒步行軍至牡丹江，搭上列車，經綏芬河，前往西伯利亞。途經哈巴羅夫斯克、赤塔、伊爾庫次克，最後在泰舍特下車，從杏樹到泰舍特的這段過程，為期約三個月（一九四五年八月－一九四五年十一月）

一二〇K收容所，原先收容德國戰俘，德國戰俘走後，就換第五中隊進駐。收容所外有高聳柵欄，柵欄內側有鐵絲網，一旁是監視用的望樓。如果有任何人接近，警戒兵就會開槍。收容所內有水源，是一口深井，冬季井面結冰，要取水必須先劃開井面。

第五中隊隊長是倉內二郎，階級少尉。倉內爲了掌握隊員狀況，每日的夜間，會將隊員找來，記下姓名、住址，並且詢問家族狀況，以及在隊員的心裡，有沒有掛念的事，最後將這些製成名簿。倉內隊長還對全體隊員說：「各位切勿消沉，我等要以全員都能健康返國爲目標。」[4]他的一番話，爲第五中隊注入一劑強心針。倉內隊長面對蘇聯兵的無理命令時，總是不卑不亢，堅持著立場。即使蘇聯兵荷槍實彈，隨時會開槍也一樣。事實上，不是每位軍官都像倉內隊長一樣，爲隊員著想。在其他的收容所，也有軍官藉

『１２０キロ収容所跡』

民家が集落をなし、収容所を想起させる眺望は無いが、当時の建物が２棟残っていた。
写真はその一つ、兵舎に使われていた建物と思われる。相当に傷んでいたが、今も農家の物置として使われていた。

一二〇K收容所遺跡。此張照片為一九九一年時，陳以文的戰友們重返當地時所拍攝

著身分階級，對同所的同袍頤指氣使，甚至引起衝突。由於將官不用勞動，部分的人仍然抱持著「儘管敗戰，我們還是帝國軍人」的意識，對同收容所的低階士兵，輕則口頭訓斥、重則出拳毆打。這時收容所的蘇聯軍官多會出面排解，曾經有其他中營的日本軍官因此被移往其他收容所。

一二〇K收容所

收容所內有五間監禁囚犯的小屋，每個木屋住進一個分隊，此外，收容所還有桑拿式的澡堂、炊事場、廁所。隊員們先是打掃各小屋，修建炊事場。木屋內起先沒有燈，隊員利用空罐頭，製作了照明燈，解決照明問題。寢室內有火爐，隊員在夜間必須輪流添加柴火，房間溫度才能維持。若要判斷時間，只能靠北斗七星的位置來判斷。

收容所的廁所是露天的，沒有任何遮蔽物，所謂的廁所只是人工挖掘的長條型坑洞。此外，過世的同袍遺體會擱置在室外，等氣溫回升才會火化。

4. 奧田弘，〈シベリアで結ばれた友情〉（期刊名不詳）二月号，頁四三－四四。

南京蟲

除了照明、溫度的問題，隊員在寢室內，還要面對南京蟲。南京蟲，又稱溫帶臭蟲，喜歡藏在床、柱子、牆壁的隙縫裡。對喜歡溫暖的南京蟲來說，人體是南京蟲的溫床，南京蟲喜歡聚集在脖子、手腳的皮膚柔軟處，人被咬了之後，就會開始癢，一癢就會想抓，抓了就會紅。西伯利亞每個日軍收容所裡，都有南京蟲。收容所的隊員，每個人臉上都是紅紅的一點一點，夜間睜開眼睛，可以看到南京蟲聚集成圓形，正在吸人的血，南京蟲若受到干擾，就會像小蜘蛛一樣逃竄回床縫、牆縫裡。收容所有同袍曾試圖把衣服拿到戶外去凍死南京蟲，但沒有效果。

若從另外一個角度來看，南京蟲會聚集到你的身體，也代表你還活著。以文曾聽說，有人看到南京蟲突然從鄰床同袍身上竄出，原來同袍已經過世了。

女軍醫體檢

蘇聯軍中有許多女軍醫，她們負責體檢俘虜，日軍的軍醫也在一旁協助。體檢時，女軍醫用手拉扯戰俘的胸部、臀部。視皮膚的彈性，分爲一、二、三、四級。如果比較有肉

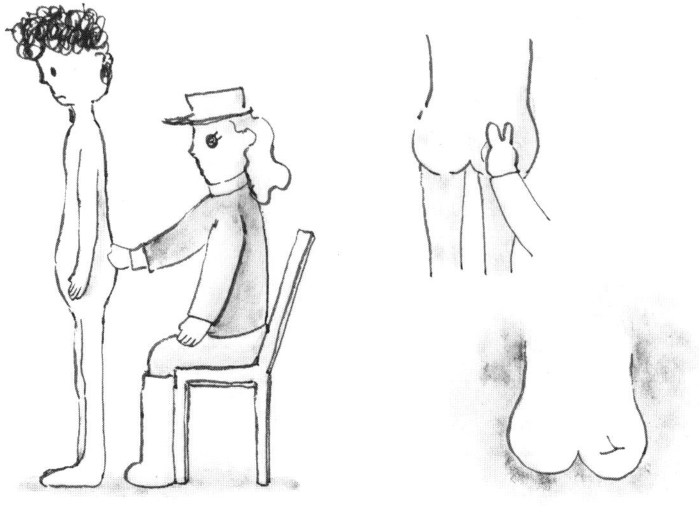

光著身體，被蘇聯女軍醫用手捏屁股是許多日軍戰俘的共同記憶

的話，皮膚都不太好拉，這種人會歸在一級。

接著，再細分爲二、三、四級。被判定一、二級的俘虜，就到各種工廠勞動，以文屬於一二級。如果是三級，就在收容所內打雜，四級則在室內休養。如果戰俘擁有特殊技能，或許能從事較爲輕鬆的工作。以漫畫家齋藤邦雄爲例，[5]齋藤會畫漫畫、廣告看板，曾協助收容所繪製文宣。此外，戰俘擁有木工、水泥匠技能的，也會從事相關工作。

勞動

收容所西南方，有座名爲「庫里空」的農場。庫里空農場負責生產糧食，供應給泰舍特地區的收容所。庫里空農場屬於國有農場，收穫歸公，農場內的工作人員也是公職（私人農場則是

庫里空農場遺跡。此照片為一九九一年，以文的戰友們重返舊地時所拍下

由個人向國家承租，再自行招募員工）。庫里空農場很大，四周有原始林環繞，幅員一百公頃。

西伯利亞九月中旬就會降下初雪，氣溫降到零度之下。無法農耕時，隊員們就會去伐木，伐木是特別辛苦、危險的工作，第五中隊剛到農場，就有隊員被倒下的樹木壓死。

每天早上八點，隊員們手持鋸子、鏟子在收容所前集合。隊員們整好隊，在蘇聯兵的戒護下前往原生林伐木。收容所留下負責煮飯、身體有痼疾的人員；伐木工作需要體力，所以都由健壯的隊員前往。

此地的樹木有落葉松與赤松，樹木群通常在直徑一公尺，高二十幾公尺，鋸的時候松脂會黏在鋸子上，增加伐木的難度。金屬在低溫時特別脆弱，銳利的斧頭與十字鎬很容易缺角，隊員只能在燈光不足、材料缺乏的作業場設法修補。

隊員一般都戴防寒手套，但以伐木來說，帶軍用手套作業比較方便，不過軍用手套不保

5. 齋藤邦雄（一九二〇—二〇一三）：日本漫畫家，一九四五年十月至一九四八年七月間被拘留在西伯利亞伊爾庫茨克的收容所，著有《水戸黃門漫遊記》、《陸軍步兵よもやま物語》、《シベリア抑留兵よもやま物語》、《漫画シベリア抑留物語1》、《漫画シベリア抑留物語2》等作品。

昭和58年12月15日第三種郵便物認可　2007年3月20日発行（毎月1回5日発行）全抑協広報　第320号　1頁

第320号　2007（平成19）年3月20日発行

全抑協広報

発　行　全国抑留者補償協議会（全抑協）
〒164-0011　東京都中野区中央5-22-9
☎ 03-3384-8789　FAX 03-3381-9037
郵便振替口座　00110-4-388559

頒価　1部　150円（この広報紙代は会費に含まれています。）

シベリア抑留問題の根本解決のための立法を

—次世代への歴史の継承も視野に、最大の拉致事件解決に総合的取り組みを—

まもなく政府と平和祈念事業特別基金は、シベリア・モンゴル抑留問題の幕引きを狙った今年度の事業計画を発表します。２月23日には総務省と同基金に申し入れをしました（３頁参照）。遅くとも３年後の平成22年９月までに廃止される基金を中心にこれまで細々と行なわれてきたまことに貧弱な政府の強制抑留者対策事業に代わる、シベリア抑留問題の根本解決のための立法措置を強く国会に求めていきたいと思います。第２次立法運動の要望骨子は前号で発表しました。問題が解決していないことは誰の眼にも明らかです。残された時間は本当に限られてきています。同じく高齢になった外国籍の元抑留者も日本政府と国会を動かそうとする運動を注目しています（２頁参照）。全力を挙げて全速力で立法運動を進めていきたいと思います。よろしくお願いします。

■広がりはじめた歴史の継承・圧倒的に不足する政府の努力と対応

昨年、私たちの活動は何度も新聞やＴＶでも大きく取り上げ、紹介されました。記事を書いているのは、戦後生まれの孫の世代の記者たちです。学校の歴史の授業でもほとんど教えられていませんから、若い記者の多くは取材するまで、シベリア抑留のことを知らなかったようです。しかし、取材して勉強してみると、なぜこのような不条理が今も放置されているのか？との当然の疑問と義憤にかられるようです。単発の記事ではなく、特集企画や連載で相当掘り下げた内容を紹介した新聞もありました。

全国で上演されている劇団四季のミュージカル「異国の丘」も、多数の若い観客を動員し、初めてシベリア抑留問題に接する機会を提供してくれています。抑留体験者からすれば、おそらく「甘い」とか「あの程度ではなかった」とかの内容への不満も多いと思いますが、それらを差し引いても、現在の日本社会にシベリア抑留をミュージカルの形で紹介・提起した功績は大きいと思われます。

昨年江戸川乱歩賞を受賞して話題になった鏑木蓮さん（45歳）の『東京ダモイ』（講談社刊）は、５年前に77歳で亡くなった父が死の直前の病床でうわごとのように口にした「ソ連兵」「捕虜」という断片的な言葉を聞いたことが執筆・取材の動機だったそうです（東京新聞06年12月25日「記憶・戦後61年」より）。ことの重大さに気づいた息子や孫の世代が新たに体験記を読み、資料を調べ、シベリア抑留の真相に迫っていく作業が、確実に始まっています。しかし、それらはまだ民間の自発的な動きであって、国が責任をもって関わる組織的な作業にはなっていません。国は厚生労働省社会援護局で資料を保管し、年に何回か遺骨収集と墓参団を現地に派遣し、総務省所管の平和祈念事業特別基金が慰労品を配る以外、何もしていません。これまで資料や遺品などを基金が呼びかけて収集してきましたが、基金が廃止されるのに伴い、それらがどうなるかもまだ不明です。

■必要なシベリア抑留問題解決のための国家戦略と基本法案

この最大の拉致事件をどう歴史に留め、継承していくのかを含めて、国としての基本政策がないのです。特別給付金支給問題だけでなく、60万人シベリア抑留問題とどう国は取り組もうとするのか？という国家戦略がないのです。

そこで、基本法を制定し、戦略を立てて、司令塔も設け、迅速かつ効率よく対策と措置を実現しようというのが、私たちの運動方針です。昨年まで衆参両院に提出された特別給付金支給法案の基本を引き継ぎながら、さらに取り組むべき課題を増やし、内容を拡充した基本法案の作成と提出を求めていきます。基本法案制定をめざす第２次立法運動にぜひ積極的にご参加・ご支援いただけますよう呼びかけます。

（スケッチは陳以文さん＝２頁参照）

《全抑協會報》是全抑協的機關報，而全抑協是全國強制抑留者補償協議會的簡稱。這是與西伯利亞拘留者相關的民間團體，時常為西伯利亞拘留者爭取權益。以文將自身的經驗告訴全抑協的有光健先生，由他整理一份報導刊登在《全抑協廣報》上。以文特地畫了數幅素描呈現記憶中的戰俘生活

【台湾の元抑留者を訪ねて】陳以文さんの体験と想いを聞く（下）

前号で台湾・宜蘭市在住の陳以文さん（79歳）の体験を紹介した。東京で学び、兄弟も日本で暮らしていながら、舞鶴から台湾に帰国を強制された。実態は追放だった。今号では台湾に戻った後、最近までの動きを紹介する。　【編集部・有光健】

■旧ソ連保管の個人資料も外国籍で初めて入手

陳以文さんらのことは台湾でも日本でもほとんど知られていないが、林えいだい著『台湾の大和魂』（2000年・東方出版刊）に陳さんら３人の台湾人元抑留者のことが紹介されている。林さんが陳さんらの取材をした94年当時９人のシベリア抑留者が存命中とあったが、すでにその内の何人かが亡くなったり、連絡がとれなくなっていた。また、陳さんの母校の独協学園校友会誌でも兄弟で紹介されたことがある。

台湾の元日本軍・軍属で亡くなったり、重度の障害を負った方には1987・88年に議員立法で１人200万円が支払われた。しかし、元気で戻ってきた陳さんらには何の補償もない。陳さんは1996年８月に未払い給与の支払いを（財）交流協会台北事務所に通じて日本政府に求めた。これに対し、「未支給給与の記録がないので不可」とする回答が厚生省社会援護局から届くのが98年１月。そこで、疑問に思った陳さんは、今度は詳しい軍歴を記して引揚証明書の発行を求める。2000年３月付で引揚者名簿記載事項証明書が厚生省から送られてきた。記憶があいまいだった舞鶴上陸日は「1948年６月20日」、引揚船は「遠州丸」と判明。所属部隊は「杏樹第25214部隊」、収容所は「33分所」、原籍地は「台湾」だが、行先地は「横浜市神奈川区」になっている。当時の舞鶴引揚援護局も陳さんの帰るべき所は「横浜」であることを認識していたことになる。

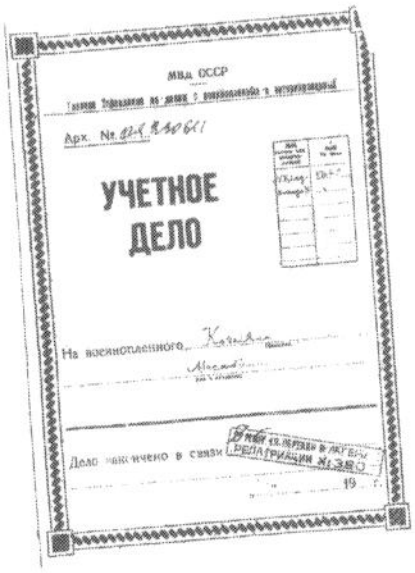

旧ソ連から届いた陳さんの個人資料のコピー

さらに昨年、旧ソ連から引き渡された個人資料を請求したところ、先月そのコピーが厚生労働省から送られてきた。日本以外の国籍所有者で、その存在が旧ソ連側資料から確認できた初めてのケースではないかと思われる。珍しく厚生労働省は、気を利かせて、通常ロシア語のままの個人資料コピーを送付しているのを、「今回は特別に」ということで日本語の翻訳を付けて送付してきた。戦後日本政府が陳さんに対して行なった特段の措置と出費は、わずかにこの翻訳料金（通常２千円程度）と郵送料だけであった。

■何もしない日本政府、日本の友人の親切には感謝

陳さんの話を聞いていて、まことに恥ずかしくなった。陳さんが生まれる28年も前から台湾は日本の植民地だった。日本語で教育を受け、戦後日本に兄弟がいたにもかかわらず、日本政府は陳さんに日本への「帰国」「在住」を許さず、実質的に追放した。陳さんらの深い失望は容易に察せられる。陳さんの口からは「悔しくて悔しくて…」という言葉が何度も出た。そのことに対する謝罪をこの国はまだきちんと一度も行なっていない。近所に住むＹさんの夫人は日本人で宜蘭の町に30年以上暮らす。「本当に陳さんたちは可哀そう。"慰安婦"とかこういう問題は日本が早くきちんとしないと。なんとかしてあげて下さい」と夫人からも懇願された。

陳さんは戦後２度来日している。1977年には独協学園の同窓会の仲間に、1988年には同じ収容所仲間で作る「クリコン（久凛魂）会」の仲間に招かれ、楽しい時を過ごしたという。今も日本の多くの友人を好いていて、大変なつかしがっている。

■家族も関心を持ち始め、記録や論文まとめる

日本の抑留者同様、陳さんも家族にこの過酷で不条理な体験をこれまでほとんど語ってこなかったようだ。今回陳さんのご子息とも話したが、「これまで戦争の後父は遠い北方に行っていた程度のぼんやりとしたことしか認識していなかったが、今回の（筆者の）訪問で、ようやく父の体験と歴史の意味が分かってきた。残された時間は短いがいろいろ協力してほしい。父以外は、日本語も分からないので情報もいただきたい」と英語で依頼された。その後孫の大学生が陳さんの証言をビデオで記録したり、米国にいる別の孫が祖父の体験をレポートにまとめたりと、一家で急速に関心が高まってきたとのことで陳さんご自身や家族も喜んでおられる。他の台湾人元抑留者の調査も急務と痛感した。

昨年陳さんが描いた当時のスケッチは、12月25・26日に舞鶴のスケッチ展で初めて展示された。

＊陳以文さん連絡先：[illegible]
☎ [illegible]

零下30度以下にならない限り、雪降る中で伐採作業に

パラチフスと診断され、入院。回復後の身体検査で鉄道工事に

暖。伐木時，採取輪流鋸木法，只要隊員手一凍僵就換人，這樣輪流鋸的成果顯著。隊員採取此法，總能達成每日規定的數量，連蘇聯的監工也感到驚訝。隊員鋸完會將木材疊整齊，接著由牛車來搬運。這些監工大多是快服滿刑期的囚犯。以伐木工作為例，伐木現場一名監工，當木頭倒下來之後，負責搬運的又會是另外一名監工，這些監工希望戰俘多做一點，只要隊員烤火休息的時間一長，監工就會一直催促。

監工希望戰俘趕快作業，以達到當日標準。而蘇聯兵則背著槍，坐在火堆旁，有趣的是，蘇聯兵和監工立場並不一致，蘇聯兵都希望儘快回收容所。以文曾聽說，其他農場的監工要戰俘加班趕工，結果蘇聯兵以拖到下班時間為由，和監工起了爭執，最後蘇聯兵掉頭就走，戰俘們就在沒蘇聯兵的監視下趕工。除了伐木，隊員偶爾要拓寬道路。當地面結冰時，就要用燒紅的鐵條在地面挖洞，再將炸藥放入洞內爆破，才可以順利拓寬道路。

若氣溫低於零下三十五度，收容所的倉庫就是戰俘工作的地點。倉庫位在地下室，裡面堆滿馬鈴薯。進去之前，蘇聯兵會站在倉庫的門口點人數，一次二十人進去裡面。相較於戶外的伐木、拓寬道路等各種勞動，室內的工作輕鬆多了。戰俘負責把變質壞掉的馬鈴薯挑出來，還可以趁室內工作的機會，設法將一兩顆馬鈴薯夾帶出去，讓自己的伙食豐盛一點。

偷東西

收容所的飲食，對於蘇聯兵或者日軍戰俘而言，都是不足的，因此許多人會利用各種機會，不管是交換，還是偷、搶，只求獲得食物來充飢。日軍戰俘也負責蘇聯兵們的伙食。然而，糧食是配給制。某次配給一直不下來，蘇聯軍官來找倉內隊長討論，希望隊員進入倉庫工作時，能幫忙偷些馬鈴薯出來。

庫里空農場的倉庫位在地下室，有管理員管理。管理員名爲「帕內哥」（音譯），帕內哥身材矮胖、個性精明。每天都會巡視倉庫，厲害的是，每當隊員從倉庫出來，帕內哥光看隊員的臉，就能知道隊員有沒有夾帶馬鈴薯。以文和同袍們不管把馬鈴薯藏在身體哪裡，都會被抓到。被抓到不會受懲罰，只是會被帕內哥責罵，罵完再將農產品物歸原主。

有一次，倉內隊長和蘇聯兵討論之後，決定派以文去倉庫。以文接過蘇聯兵給的布袋後進入倉庫，蘇聯兵還站在門口幫他把風。以文進到倉庫，隊員們幫忙將袋子裝滿，以文將裝滿馬鈴薯的袋子交給蘇聯兵之後，蘇聯兵要他躲在旁邊，因爲帕內哥回來了。帕內哥看到腳印與袋子拖行的痕跡，生氣地破口大罵。以文躲在一旁，只覺得不可思議，因爲這和日軍的文化相牴觸；如果你被罵，不管是不是你的錯，至少要擺出一副認錯的樣子。但眼前的蘇聯兵抽菸的抽菸，還有人在喝酒聊天，根本不把帕內哥當一回事，擺出一副，要罵隨便你罵的樣子。帕內哥罵完離開後，以文才回到寢室。

收容所的飲食

收容所的伙食是黑麵包（俄羅斯人的主食）、粥、蔬菜湯（裡面有稀疏的高麗菜）。俘虜配給標準有四個等級：將校、下士官兵、患者、營養失調者。其中人最多的士兵因爲勞動量大，所以黑麵包、雜穀、魚類、植物油、野菜的配給量高於軍官。不過，軍官可以配給較多的砂糖、肉類、味噌、菸草，以及士兵沒有的奶油、肥皂。

以文覺得這種伙食就算三餐一起吃也不會飽，就像在喝汽水一樣，入口即化。如果是粥、蔬菜湯的分配還好，黑麵包的分配比較麻煩，有的收容所爲了公平起見，分配麵包時，整個寢室的人都盯著那塊麵包。若遠遠看，這情景很像在分食高級乳酪、火腿，其實只是分配黑麵包。負責切的人還要小心，切的大小如果

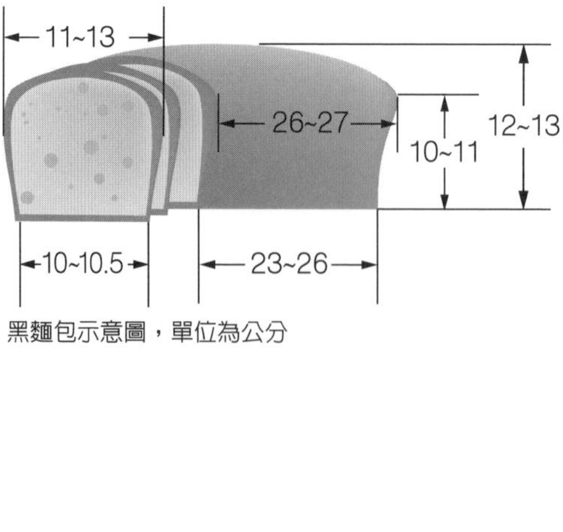

黑麵包示意圖，單位為公分

不一樣，容易會起衝突。

甚至有人會製作簡易的秤來量，戰俘將麵包的長、寬、高用尺測量，再依照人數多少切成薄片。所以，戰俘進到地下室時看著滿坑滿谷的馬鈴薯，很難不讓人想偷偷夾帶出去，哪怕只是一兩顆也好。以文某次回收容所的途中，看到地上有馬鈴薯，就塞進防寒衣的口袋裡。回到寢室之後，馬鈴薯在鍋內化成一鍋有異味的黃水，以文才發現撿拾回來的是馬糞，因為在結凍狀態，外表和馬鈴薯很像，以文仔細觀察鍋內漂浮物，其中居然有未完全消化的草根。

收容所的伙食情況，使得日本戰俘無不利用各種機會補充營養，在其他的戰俘營有人會去撿拾民家倒出的餿水，有戰俘曾將路上的狗屍帶回收容所料理，作法是先將狗屍支解，將肉塊加上高麗菜放入便當盒烹煮。而且，因為抓回來的是公狗，戰俘將狗的睪丸像火腿一樣切片，放入寢室內的壁爐裡烤。雖說食用死因不明的狗屍有其危險性，但是這群食用狗屍的戰俘們，幸運地，沒有出現任何異狀。[6]

根據統計，許多有西伯利亞經驗的人，作夢不是夢到戀人、家人，就是夢到吃東西。根

6. 齋藤邦雄，《シベリア抑留兵よもやま物語》（東京：光人社，二〇〇六），頁一一〇－一一三。

據《捕虜體驗記》記載，日軍士兵在西伯利亞拘留時期，最想吃的食物前十名：一、鰻魚丼、蒲燒鰻魚。二、萩餅。三、紅豆湯。四、天婦羅、味噌湯、壽司。五、羊羹、大福、生魚片。六、壽喜燒。七、日式饅頭、銅鑼燒、醃漬物、烏龍、日本酒等。「妻子做的料理」、「媽媽做的料理」也是榜上有名。7

西伯利亞的冬天

根據紀錄，日本戰俘有十分之一死亡，這死亡的十分之一當中，很大一部分是在第一年越冬的時刻。不過庫里空農場死亡率不到一成，死亡率低的原因在於農場負責生產糧食，就算配給量不足，在屋內作業挑選馬鈴薯時直接生吃，大小麥脫穀時偷偷放一些進口袋，回木屋時再煮來吃，都可以補充營養。庫里空農場的一百多名戰俘當中，只有兩人死亡。死者之一名爲橫田清史，橫田抵達庫里空農場時身體已經很衰弱，儘管大家悉心照料，最後仍在前往醫院的雪橇上過世。

西伯利亞的第一個冬天，以文碰到最低零下四十四度的低溫（一九四五年十二月二十日

7. 〈資料編〉《週刊読売シベリア捕虜収容所の記録》臨時増刊一九九〇年十二月二十日，頁九七。

表 1 、俘虜生活中，最想吃的東西排行榜（總票數107）

1.	鰻魚（鰻魚丼、蒲燒）	12
2.	御萩（牡丹餅）	11
3.	日式紅豆沙（紅豆湯）	7
4.	天婦羅	6
	壽司	6
	味噌湯	6
5.	羊羹	4
	大福	4
	生魚片	4
6.	壽喜燒	3
7.	日式甜饅頭、銅鑼燒、醃漬品、烏龍麵、日本酒、愛妻料理、媽媽料理	各2

其他：卡莎兩公斤、黑麵包三公斤、豌豆加進卡莎、湯豆腐等等。

（註：卡莎，俄文：каша，在中歐與東歐，尤其是俄羅斯、烏克蘭和波蘭，是一種用水或牛奶煮熟的穀物，可能會加一些配料，也就是糊。）

資料來源：讀売新聞社，《シベリア捕虜收容所の記録　極秘資料写真集　週刊読売臨時増刊》一九九〇年十二月二十日，頁九七

的最低溫）。與此同時，若以曾出現日本低溫紀錄的北海道倶知安來說，在這一年，最冷也不過零下二十六點四度（一九四六年三月三日的最低溫）。生活在零下四十四度的地方，到底是什麼感覺？根據舞鶴的引揚博物館資料：首先，零下二十度時，光是呼吸就會痛；在零下二十至四十度之間時，若將香蕉當槌子使用，有可能將釘子打進去；到負四十度時，熱水會在一瞬間變成雪。順帶一提，根據數據，以文在泰舍特期間，所碰到的最低溫是在一九四七年一月十九日，當天氣溫下降到零下五十度。四十四度、五十度是極端值，但若看泰舍特的歷史溫度統計可知，這裡的冬天，都在零下二、三十度。

生活在如此酷寒的環境，以文還可聽到營舍外的樹木龜裂聲，屋簷也出現一條條冰柱，以文曾經將冰柱折斷，放入口中啃食。

以文的寢室是上下通鋪，室內會生火取暖，但是一生火，室內濕度降低，隊員容易口乾舌燥，所以都會在火爐上放水桶，透過熱源來蒸散水氣。此外，室內還會有冷熱不均勻的問題，生火時上鋪溫度高，下鋪溫度低，對此，隊員們會輪流睡下鋪，避免同一個人睡在低溫處。

西伯利亞因為是高緯度，冬天日出的時間很短，十一點左右天才亮，就算亮了，大多也是陰天。在如此令人抑鬱的環境下，以文不知道自己要在這兒待幾年，不知道宜蘭家裡是否安好，長時間杳無音訊，家裡是否認爲他已死亡。以文不是沒有想要逃脫，但是在這環境下，要脫逃是不可能的。儘管如此，各收容所仍有人試圖逃跑，但沒聽說有日本人成功過。即便你順利逃出收容所，蘇聯兵只要帶著軍犬，循著積雪上的腳印，非常容易就能發現逃亡者。

以文只覺得，能活著就好，隊上的其他人也都看開了。或許，在這樣嚴寒的環境中，看開點會比較好過。來到農場一個月後，以文心情逐漸平靜，白天和中隊成員們一起勞動，只有夜間才能靜下心思考。睡前，有隊員身體包著毛毯，雙手合十，念著「今天平安結束了，明天也希望能平安」。

一九四五年十二月，以文回想年初，自己還在八戶教育隊受訓，接著前往滿洲，並在當地迎接終戰。本以爲可以返回日本，但現在卻身處在這裡。這一年的變化與遭遇，絕對不是三言兩語可以說完。到底在西伯利亞要待多久，自己也不知道。

戰俘營的新年，大部分的勞動暫停三天。廚房準備各種年節料理，有人將魚頭、魚骨、尾巴放入飯盒再注入水來煮湯。以文曾聽說某個收容日軍的收容所附近和德軍收容所鄰近，德國戰俘還派代表，帶著酒來到日軍的收容所同樂。但以文並沒有碰過德軍，而且三天過後，一切又恢復正常。每天不斷地重複勞動。

副傷寒與醫院

以文幸運地渡過第一個冬天，時間也進入一九四六年，在這一年還有許多考驗等著他。二月，以文不幸罹患「副傷寒」（筆者按：即類似傷寒的傳染病），以文和其他七名隊員一起中鏢，大家身體發冷、發燒口渴，收容所將以文和隊員用馬車送到醫院。以文變成患者後，配給有變好，在醫院可以吃到白麵包（每日配給兩百克）、胡瓜（每日配給兩百克）、奶油（十克，配給量是將校的一半）、增量的米（四百克，原先三百克），菸草的配給加倍（五克→十克）。8

8. 《資料編》《週刊読売シベリア捕虜収容所の記録》臨時増刊一九九〇年十二月二十日，頁九七。

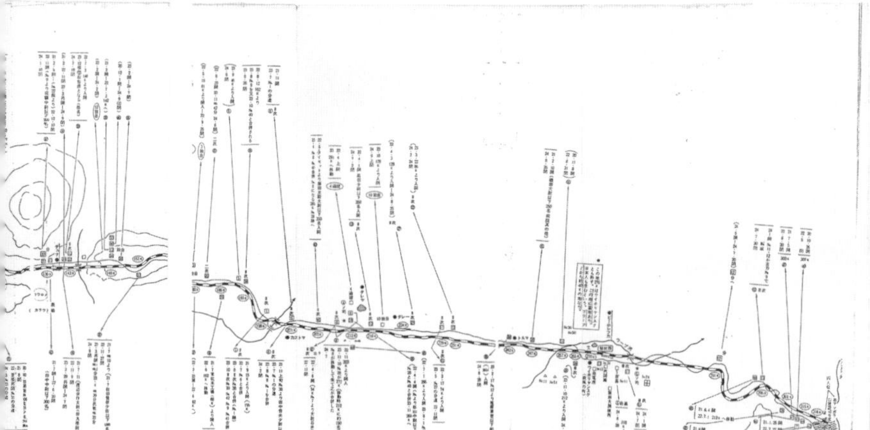

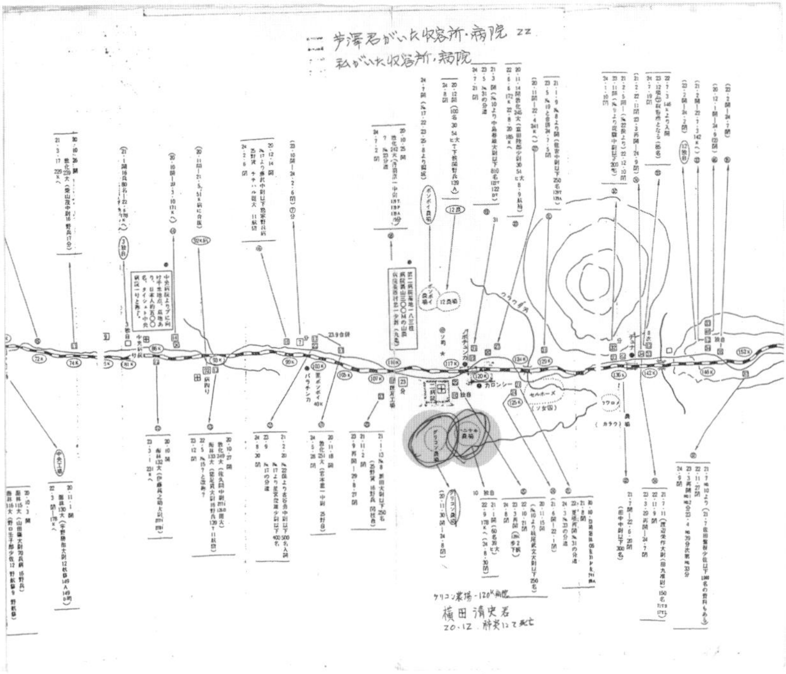

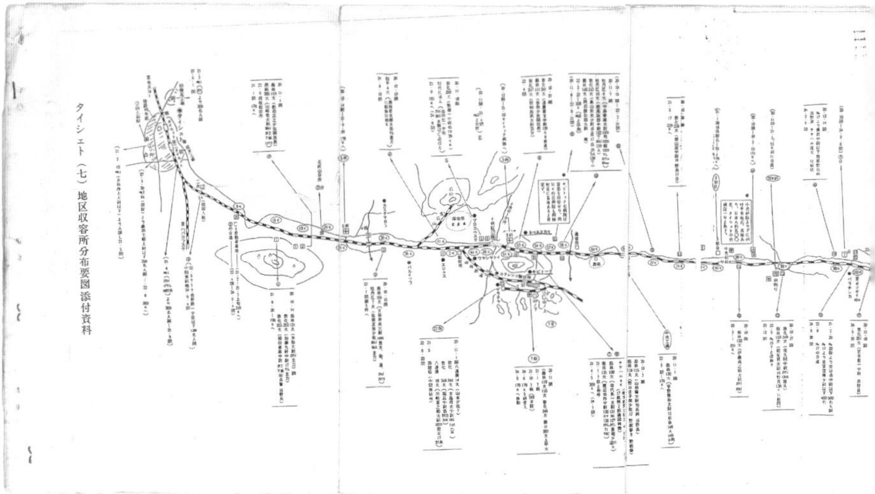

下圖為泰舍特地區收容所分布要圖，此圖收錄於久凜會的刊物《クリコン会報（追錄II）》。此分布要圖之中，以文用筆將農場位置圈起（上圖）。以文曾待過的醫院（二病院），就在農場的正上方。

幸運地，以文不到十天就退燒，是所有人當中最快痊癒的。此時，醫院的蘇聯軍官剛好缺人手，以文就從隔天開始在廚房幫忙分送伙食給病患。醫院的工作量大，和過去在農場不同。因爲要端著餐盤進出，以文一開始會手腳痠痲，後來就慢慢適應。醫院的好處就是伙食不錯，有些食物甚至能吃到飽。不過好景不常，以文在醫院待了兩三個月，女軍醫就判定以文的體位，已經可以負荷更重的勞動，以文要離開醫院時，還跟俄籍廚師道別，隔天前往附近的第二十七收容所移動鐵路隊報到。

移動鐵路隊

在西伯利亞的五十幾萬人日本人當中，有約十五萬人從事鐵路建造，在以文所處的泰舍特地區，就有七萬人。對蘇聯而言，戰俘、囚犯是重要的勞動力來源，眾多的鐵路隊中，也有由囚犯組成的鐵路隊，修路的工作不是單向進行，當戰俘鐵路隊在修築時，囚犯組鐵路隊就由另一頭開始修築，直到兩邊相接爲止。由日本戰俘組成的鐵路隊，在效率上，始終遠比當地囚犯的工作隊來得快。由日本戰俘修築的鐵路，也相對耐用。鐵路隊的工作型態和農場不同，是隨著路段鋪設移動，就像當初來到西伯利亞時一樣，隊員們晚上就睡在車廂裡。

泰舍特地區的日軍戰俘，負責的是貝阿鐵路當中，從泰舍特到布拉茨克的這段，總長兩

表2、給食標準表

俘虜的配給基準．蘇聯糧秣定量表（一日量，單位皆為公克）

身分別 糧秣	將校	下士官兵	患者	營養失調者	摘要
黑麵包	300	350			
白麵包			200	500	
砂糖	30	18	20	30	
米	300	300	400	50	
雜糧	100	150		70	
粉				10	
肉類	75	50	50	150	
魚類	80	100	100	50	
奶油	20		10	30	
脂肪或人造脂肪				20	主要是豬油
植物油	5	10			
味噌	50	30			代用粉25
鹽	20	20	15	20	
通心粉				20	
番茄糊				7	包括醃漬番茄
果乾	10			10	
生黃瓜			200	300	
蔬菜	600	800	500	650	
茶	3	3		0.5	
澱粉				100	
維生素				10	酵母水
菸草	15	5	10	10	
火柴	1.5	1.5	1.5	1.5	一個月份
肥皂	80				一個月份

資料來源：讀売新聞社，《シベリア捕虜收容所の記録　極秘資料写真集　週刊讀売臨時增刊》一九九〇年十二月二十日，頁九七

百五十公里。既然都有西伯利亞鐵路了，爲何還要鋪設貝阿鐵路呢？原因是，西伯利亞鐵路距離邊境太近，若發生戰爭，鐵路容易被破壞，於是蘇聯打算在更內陸修築一條鐵路。這就是鋪設貝阿鐵路的背景，這段鐵路過去由德國戰俘修築，德國人回國後，改由日本戰俘接手負責。

鐵路的修築不分四季，即使是冬天仍在持續進行，鋪設的過程，大概是隊員們將路面的土移開、鋪上枕木。枕木可能是赤松木或蝦夷松木、白樺木。冬天地上結凍，鐵路鋪好後，火車行駛通過不是問題；但是春天一到，枕木常會隨著火車的震動陷入土裡，而造成脫軌事故。此外，鋪鐵軌需要的鋼鐵曾經一度短缺，甚至用木頭代替，但木頭畢竟並不如鐵，更加容易損壞。

以物易物

根據漫畫家齋藤邦雄的作品：《漫畫西伯利亞抑留物語》記載，許多日本戰俘曾與一般民眾，透過以物易物的方式，交換生活物資。可以交換的物品從鉛筆、鋼筆、太陽旗、紅色印泥都有，蘇聯婦女喜歡顏色鮮豔的布料，紅色的布最受歡迎，許多戰俘紛紛將太陽旗與蘇聯婦女交換，有人甚至還拿紅色的兜檔布去換。除了太陽旗、兜檔布，紅色印泥也可以，只是蘇聯婦女是把印泥當作口紅來用。

蘇聯民風純樸，曾有其他收容所的戰俘在市內修築道路，市民們還拿麵包、菸來慰問。這些對日本戰俘友善的百姓，從他們身上可以反映日俄關係的歷史變遷，曾經有蘇聯的老人給戰俘許多食物，好奇一問之下原來他是日俄戰爭時的俄軍戰俘，因爲在收容所受到良好對待，所以對日本有著良好印象。

也有日本戰俘在勞動時，碰到蘇聯民間的日本人，這名日本人據說是諾門罕戰役時的日本戰俘，雖然都是日本人，但對方似乎已歸化俄籍、與當地女子結婚。蘇聯不只有日本戰俘，除了德國戰俘，亦有來自烏克蘭、匈牙利等國的女囚，這些女囚不一定眞的犯過罪，大多是德軍在東進時曾「協力」德軍。有的人可能只是拿了一杯水、糧食給德軍，戰後便遭人密報。

奇聞軼事

庫里空農場附近有監獄，某次蘇聯兵要與女囚犯私通，蘇聯兵便要以文站在外面爲他們把風，整個晚上以文無奈地聽著男歡女愛的聲音，事後還要幫他們洗被單。總之，蘇聯兵，不如說是蘇聯內部的文化著實讓以文和其他同袍開了眼界。蘇聯兵當中雖然有壓榨、欺負戰俘的人，但也是有好人。有的蘇聯兵看到戰俘在看親人、戀人照片，也拿出懷中的妻小照片。也有蘇聯兵請以文抽菸，以文發現這種由蘇聯菸草局發行的捲菸，可能是爲防止菸燒到手套而刻意加長。

西伯利亞的野球選手

以文曾在移動鐵路隊遇見讀賣巨人隊的水原茂選手，水原選手因爲相對高壯，在戰俘當中很顯眼。水原茂是香川縣人，就讀香川高松商業學校時，曾在一九二五、一九二七年兩度打進甲子園，獲得全國冠軍。一九三六年，水原加盟讀賣巨人隊，守備位置是三壘手，水原茂的隊友當中，則有來自臺灣、出身嘉義的吳

表3、俘虜生活中，最想看到的東西排行榜（總票數97）

1.	小孩的臉	18
2.	妻子	17
3.	家人	10
4.	母親	9
5.	雙親	7
6.	日本的模樣	5
7.	故鄉	4
8.	戀人	3
9.	日本的女性	3
10.	歌舞伎	2

其他：返國命令書、富士山、日章旗、電影、淺草觀音、宮城。

資料來源：讀売新聞社，《シベリア捕虜収容所の記録　極秘資料写真集　週刊読売臨時増刊》一九九〇年十二月二十日，頁九七

波（吳昌征，晚水原一年加入巨人，守中外野）。[9]

一九四二年，水原茂應召入伍，來到滿洲，在牡丹江迎接終戰，水原來到西伯利亞後，隸屬泰舍特第十九收容所。最初從事伐木、鋪設鐵路的工作，後來還曾在收容所入浴場工作。特別的是，泰舍特各收容所曾舉辦棒球對抗賽，水原不僅擔任教練，還曾下場站主審。[10] 一九四九年七月十九日，水原茂搭乘英彥丸抵達舞鶴，上岸後，水原與闊別七年的妻小重逢。二十四日，水原前往熟悉的後樂園球場，向滿場的球迷報平安，水原說道：「在西伯利亞的四年，是一條艱苦的道路，現在託各位的福，平安歸來，……（中略）……我想要爲日本的棒球盡一份心力。」[11] 隔年，水原茂接任讀賣巨人隊的總教練，職掌兵符直到一九六〇年才卸任。水原茂在總教練的後期，曾建議一名剛加入的投手改練一壘，這名投手就是王貞治。

9. https://www.weblio.jp/content/%E6%B0%B4%E5%8E%9F%E8%8C%82 水原茂（二〇二〇年十月二十日瀏覽）。
10. 山下静夫，《画文集 シベリア抑留一四五〇日―記憶のフィルムを再現する》（東京：東京堂，二〇〇七）頁四八七。
11. 〈水原選手後楽園で感激のあいさつ〉《読売新聞》一九四九年七月二十五日，二版。

前面提到水原打過甲子園，以及吳波來自嘉義，其實在西伯利亞還有一名野球選手，他不只打過甲子園，也和臺灣有點關係，這名選手就是錠者博美，一九三一年，錠者是札幌商業學校的王牌，在甲子園的八強賽遭遇嘉義農林。該場比賽，嘉農以十九比七大勝札幌商。二〇一四年，當電影《KANO》上映時，不少人以爲錠者應該是前往東南亞或中國的途中借道臺灣。但在東京的電影座談會上，錠者明子（錠者博美的姪女）表示，錠者博美戰時前往滿洲，最後死在西伯利亞的收容所裡。

西伯利亞的春與夏

一九四六年三月，西伯利亞的春天來臨。春天，日照時間變長、陽光在薄薄的灰雲中不時乍現。冬天下的粉雪帶有乾爽的氣息，而三月的雪，卻帶著濕氣，象徵春天到來。初春時，庫里空農場的隊員，爲補充不足的營養，還摘取地面上冒出的草嫩芽、菇類、魁蒿來吃。若以氣象數據來看，一九四六年三月下旬，泰舍特的平均溫度回暖許多，每日最冷的溫度大多回到零下十度內。

一九四六年四月，農場的積雪開始融化，隊員採用火耕法，將砍下的木頭集中焚燒。進入五月，農場的農作開始，眾多作物中，首先種植大麥、小麥，接著是馬鈴薯。大麥、小麥利用推拉機播種，馬鈴薯則必須手植。馬鈴薯種植時從早忙到晚。馬鈴薯之後，隊員們接著種植甜菜、紅蘿蔔。甜菜與紅蘿蔔種完之後，第一階段的農作就告一段落。12

一九四六年六月，蘇聯推動第四個「五年計畫」，日本戰俘是五年計畫重要的勞動力。此計畫目標是「重建農業集體化制度」，農業生產量要恢復，甚至要超越戰前的水準。優先重建的工業是電力、石油工業、煤礦工業，以及鐵路、修鑿運河等。

一九四六年六月，此時蘇聯才從中國東北撤出，帶回許多工業設備。原先，蘇聯八成的工業區都集中在東歐地帶，也就是首都莫斯科，以及列寧格勒、頓河、烏克蘭一帶。經過二次大戰後，爲了避免工業區受到來自西方的攻擊，蘇聯開始將工業往東移，不再集中於歐俄地區。

蘇聯新興工業區有多處，分別是西伯利亞西部、貝加爾湖區、伯力與青年城、勒那河的中上游、中亞、庫頁島等，這些新興工業區，與戰俘收容所的分布位置高度交集。

西伯利亞春天的時間很短，緊接著，泰舍特進入夏天，入夏後，西伯利亞的白晝時間長。夏天氣溫合宜，收容所的四周，依山的草原花開綻放。泰舍特地區土地肥沃，作物在夏

12. 奥田弘，〈シベリアで結ばれた友情〉（期刊名不詳）一月号，頁四三－四四。

天的成長很快，但是在寒冬來臨之前就要搶收。所以比起播種期，收成期繁忙許多。西伯利亞的夏天，蚊蟲非常多，隊員作業時要帶防蚊面紗，不可露出手腳。泰舍特的夏天，白天氣溫平均二十五度左右，偶爾也會到達三十度。

進入八月，留在一二〇K收容所的隊員開始檢修器材、整理倉庫，爲的是準備收成。八月上旬要先收成的是野菜類，八月中旬收成馬鈴薯以及大麥小麥。大麥小麥收成是機器採收、脫殼，不太需要人力。馬鈴薯就很需要人力，像是採收、搬運都是。對戰俘而言，這是少數在西伯利亞可以吃飽的時刻，馬鈴薯收成時，隊員會在田旁邊挖坑燒火，再把馬鈴薯丟進去烤，烤過的馬鈴薯，就像番薯一樣熱呼呼、軟綿綿的，想吃多少就吃多少，就連蘇聯兵也會跟著一起。

即便這些馬鈴薯，只能在現場吃完，不可以帶回收容所，但對隊員的營養上來說，可謂不無小補。這樣的好事，只能在遠離收容所的地方進行。多的馬鈴薯，隊員們會將它們藏在松樹根旁的洞中保存。八月過去，進入九月後，天空逐漸變成淡灰色，接著，就是爲期半年的冬天。

德國戰俘

在蘇聯境內的收容所當中，除了日本戰俘，也有德國戰俘，有的地區甚甚至同時可以看到德國與日本戰俘。德國戰俘對日本戰俘基本上是友善的，畢竟在戰爭時期，德、日兩國是重要的盟友，也有戰俘曾在新年時期，碰到德軍代表拿著酒過來與日軍同歡。

只不過，同在蘇聯的戰俘營中，德國與日本戰俘的氣息卻有點不同，以文雖然沒有碰過德國戰俘，但是根據和德國戰俘接觸過的日本人回憶：相對於日本戰俘，德國戰俘總是勇敢爭取權利，只要一超過工時就群起抗議，甚至還對收容所方嗆聲說：等我們回德國後，要再打回蘇聯。而日本戰俘，相對溫良恭儉讓，若發生類似德國戰俘的事情，日本戰俘頂多由代表（通常是軍官）向工廠抗議，抗議完，日本戰俘還是默默地接受超時工作。德國戰俘當中，曾有人成功從戰俘營脫逃，這段經歷後來被改編成電影《極地重生》（德語：So weit die Füße tragen），日本戰俘的話，幾乎沒有人成功脫逃，大多遭到蘇聯兵開槍擊斃。

民主運動

幾乎每一位日本戰俘，都有參加民主運動的經驗，民主運動並非在收容所推動民主，而是蘇聯赤化日本俘虜的手段。各收容所內發行的《日本新聞》，可說是民主運動的「運動報」。以文翻閱過收容所的《日本新聞》，內容不外乎抨擊資本主義、大力讚揚共產主義。

宣傳要勞動才有飯吃，不勞動就沒有飯吃等共產主義的觀念。以文對此完全不感興趣，但為了不要受為難，表面上，以文還是會應付應付。收容所內，曾舉辦話劇，以文的同袍小里，因為皮膚白晰、俊秀，被推派飾演女角，隊員看著小里穿著女裝登臺，眾人都笑得很開心。就連蘇聯兵們也在一旁觀看，是在異地難得的放鬆時間，不過只演過一兩次。以文受到民主運動的影響不深，收容所也不常舉辦相關活動。不過，西伯利亞的日軍戰俘收容所非常多，民主運動在部分的收容所，非常有成效。民主運動的溫床，是日軍戰俘當中軍階較低者，如果說收容所又同時有一群軍官的話，由於這些日軍的軍官，即使在戰俘營，仍然按照過去的階級制度，來對待同收容所的隊友。過去戰時上對下的蠻橫、制裁、勒索，仍然延續到戰俘營。底層士兵的反感，成為蘇聯散布共產主義思想的機會，有的收容所內，會定期舉辦講習會與政治學校，藉此培養活動份子。活動份子發展反法西斯委員會，委員會設在收容所內，強迫戰俘研讀《蘇聯共產黨主義小史》並展開反動鬥爭，舉行批判會，對將校激烈責問、拷問等。

民主運動造成收容所內日本俘虜之間的反目與對立。不過，底層士兵儘管對上層有所不滿，但是多數人最大的願望是平安回到日本，蘇聯則以參加民主運動就會提早遣返回日本為由，吸引日本俘虜加入。許多人為了能提早返回日本，不遺餘力參加，但是當他們看到平常總是批評蘇聯的同袍居然提早遣返，就不再參加了。

當然也有極少數洗腦程度很深，不僅留在當地，或者是到舞鶴的時候不肯下船，或者舉著「敵前上陸」的旗幟下船，這些都是少數。

第三章

後西伯利亞時期

外部政治局勢

以文在西伯利亞的期間，外部政治局勢，又是如何？日本政府對於被拘留的同胞，並非無所作爲。一九四五至一九四六年間，日本多次與美國協商。舉例來說：

一九四五年十月底，日本備妥情資向GHQ彙報，[1]接著麥克阿瑟要求美國政府，向蘇聯提出遣返的要求。然而，蘇聯在聯合國對日理事會議中，並沒有任何回應，不過這不代表談判破裂。其後GHQ宣布，自一九四六年十月起，蘇聯將遣返西伯利亞、庫頁島等地的日本人。同年十二月，美蘇雙方達成「有關蘇聯地區遣返的美蘇協定」，根據此協定，每個月，蘇聯必須遣返五萬人。儘管蘇聯同意，執行上卻多有延宕。一九四七年十二月，蘇聯暫停遣返，理由是冬季氣候不便遣返。即便GHQ提議派遣破冰船，蘇聯方面也沒有回應。美方不死心，多次要求下，蘇聯才表示：在一九四八年的五月，就會重啓遣返。[2]

1. 駐日盟軍總司令（日文為連合国軍最高司令官）英語為Supreme Commander of the Allied Powers，簡稱SCAP，而日本稱其為總司令部（General Headquarters），縮字即為GHQ。
2. 舞鶴地方引揚援護局編、加藤聖文監修，《舞鶴地方引揚援護局史》（東京都：ゆまに書房，二〇〇一），頁五四九－五五二。華勒瑞著、黃煜文譯《當帝國回到家》（新北：遠足，二〇一八）頁九一、一三一－一三二。

第2455号

引揚者名簿記載事項証明書

上陸地	舞鶴	上陸年月日	昭和23年6月20日	引揚船名	遠洲丸	出港地	ナホトカ
氏名	性別	年齢	階級	所属部隊	収容所	行先地	原籍地
景山雅文	男	22	兵長	杏樹第25214部隊	33分所	横浜市神奈川区栗田谷30	台湾台北州宜蘭市 牡177 1 28

上記は、旧舞鶴引揚援護局引揚者名簿記載の事項に相違ないことを証明する。

平成12年3月1日

厚生省社会・援護局援護企画課中国孤児等対策室長

陳以文的遣返文件，值得注意的是，這份文件上所記載的遣返日期與船班有誤，正確應為五月九日（上圖），所搭乘的船隻為信濃丸（下圖）

舞鶴入港の引揚船一覧表

入港期日	船名	出港地	引揚者数
昭23. 7. 3	栄豊丸	ナホトカ	1,500
昭23. 7. 6	宗谷	元山	1,282
昭23. 7. 7	高砂丸	ナホトカ	1,306
昭23. 7.11	朝嵐丸	ナホトカ	1,694
昭23. 7.12	恵山丸	ナホトカ	2,000
昭23. 7.14	遠州丸	ナホトカ	2,000
昭23. 7.16	大郁丸	ナホトカ	2,000
昭23. 7.16	山澄丸	大連	2,545
昭23. 7.17	信濃丸	ナホトカ	2,000
昭23. 7.20	第一大拓丸	ナホトカ	2,100
昭23. 7.22	英彦丸	ナホトカ	2,100
昭23. 7.24	高砂丸	大連	2,406
昭23. 7.24	栄豊丸	ナホトカ	2,100
昭23. 7.26	朝嵐丸	ナホトカ	2,100
昭23. 7.28	恵山丸	ナホトカ	2,100
昭23. 7.29	明優丸	ナホトカ	2,000
昭23. 8.12	遠州丸	ナホトカ	2,000
昭23. 8.14	永徳丸	ナホトカ	2,000
昭23. 8.16	信濃丸	ナホトカ	2,000
昭23. 8.18	第一大拓丸	ナホトカ	2,000
昭23. 8.19	高砂丸	太沽	1,073
昭23. 8.20	大郁丸	ナホトカ	2,000
昭23. 8.22	山澄丸	ナホトカ	2,000
昭23. 8.24	栄豊丸	ナホトカ	2,000
昭23. 8.25	信濃丸	ナホトカ	2,000
昭23. 8.28	恵山丸	ナホトカ	1,801
昭23. 8.30	遠州丸	ナホトカ	2,000
昭23. 9. 1	永徳丸	ナホトカ	2,000
昭23. 9. 3	信洋丸	ナホトカ	2,000
昭23. 9.11	明優丸	ナホトカ	2,000
昭23. 9.12	高砂丸	ナホトカ	1,500
昭23. 9.14	朝嵐丸	ナホトカ	2,000
昭23. 9.16	第一大拓丸	ナホトカ	2,000
昭23. 9.18	大郁丸	ナホトカ	2,000
昭23. 9.21	信濃丸	ナホトカ	2,000
昭23. 9.24	山澄丸	ナホトカ	2,000
昭23. 9.26	遠州丸	ナホトカ	1,800
昭23. 9.28	永徳丸	ナホトカ	1,900
昭23. 9.30	英彦丸	ナホトカ	2,000
昭23.10. 2	信洋丸	ナホトカ	2,000
昭23.10. 3	明優丸	ナホトカ	2,100
昭23.10.13	高砂丸	ナホトカ	2,000
昭23.10.16	朝嵐丸	ナホトカ	1,500
昭23.10.18	栄豊丸	ナホトカ	1,500
昭23.10.20	大郁丸	ナホトカ	1,500
昭23.10.21	信濃丸	ナホトカ	2,000
昭23.10.23	信洋丸	ナホトカ	1,500
昭23.10.26	山澄丸	ナホトカ	1,500
昭23.10.29	遠州丸	ナホトカ	1,573
昭23.10.30	永徳丸	ナホトカ	2,000
昭23.11. 1	英彦丸	ナホトカ	3,000
昭23.11. 2	恵山丸	ナホトカ	2,827
昭23.11. 2	高砂丸	ナホトカ	2,900
昭23.11.18	朝嵐丸	ナホトカ	2,000
昭23.11.20	栄豊丸	ナホトカ	2,000
昭23.11.22	大郁丸	ナホトカ	2,000
昭23.11.23	信濃丸	ナホトカ	2,000
昭23.11.26	信洋丸	ナホトカ	2,000
昭23.11.27	山澄丸	ナホトカ	2,200
昭23.12. 1	第一大拓丸	ナホトカ	2,500
昭23.12. 1	明優丸	ナホトカ	2,500
昭23.12. 3	永徳丸	ナホトカ	2,000
昭23.12. 3	遠州丸	ナホトカ	2,300
昭23.12. 4	英彦丸	ナホトカ	2,000
昭23.12. 4	朝嵐丸	ナホトカ	700
昭24. 6.27	高砂丸	ナホトカ	2,000
昭24. 6.30	永徳丸	ナホトカ	2,000
昭24. 7. 2	第一大拓丸	ナホトカ	2,000
昭24. 7. 2	信濃丸	ナホトカ	2,000
昭24. 7.20	大郁丸	ナホトカ	2,000
昭24. 7.20	英彦丸	ナホトカ	2,000
昭24. 7.22	遠州丸	ナホトカ	2,000
昭24. 7.22	恵山丸	ナホトカ	2,000
昭24. 7.25	信洋丸	ナホトカ	2,000
昭24. 7.28	山澄丸	ナホトカ	2,000
昭24. 7.29	明優丸	ナホトカ	2,000
昭24. 8. 1	栄豊丸	ナホトカ	2,000
昭24. 8. 2	高砂丸	ナホトカ	2,002
昭24. 8. 7	信濃丸	ナホトカ	2,000
昭24. 8. 9	永徳丸	ナホトカ	2,000
昭24. 8.12	第一大拓丸	ナホトカ	2,000
昭24. 8.24	大郁丸	ナホトカ	2,000
昭24. 8.26	英彦丸	ナホトカ	2,000
昭24. 8.28	遠州丸	ナホトカ	2,000
昭24. 8.30	恵山丸	ナホトカ	2,000
昭24. 9. 1	山澄丸	ナホトカ	2,000
昭24. 9. 2	明優丸	ナホトカ	2,000
昭24. 9.18	遠州丸	ナホトカ	2,000
昭24. 9.20	英彦丸	ナホトカ	2,000
昭24. 9.23	栄豊丸	ナホトカ	1,800
昭24. 9.23	高砂丸	大連	1,127
昭24. 9.24	明優丸	ナホトカ	1,800
昭24. 9.27	信洋丸	ナホトカ	1,800
昭24. 9.27	信濃丸	ナホトカ	1,800
昭24. 9.29	永徳丸	ナホトカ	2,000
昭24.10. 3	第一大拓丸	ナホトカ	2,000
昭24.10. 3	大郁丸	ナホトカ	2,000
昭24.10. 3	山澄丸	大連	1,734
昭24.10.19	高砂丸	ナホトカ	1,836
昭24.10.22	遠州丸	ナホトカ	2,000
昭24.10.24	英彦丸	ナホトカ	2,000
昭24.10.25	明優丸	ナホトカ	2,000
昭24.10.27	栄豊丸	ナホトカ	2,000
昭24.10.29	信洋丸	ナホトカ	2,000
昭24.10.31	信濃丸	ナホトカ	2,004
昭24.11. 4	永徳丸	ナホトカ	2,160
昭24.11.24	高砂丸	ナホトカ	2,000
昭24.11.27	山澄丸	ナホトカ	2,000
昭24.11.30	恵山丸	ナホトカ	2,000
昭24.12. 1	栄豊丸	ナホトカ	2,000
昭24.12. 2	信洋丸	ナホトカ	2,000
昭25. 1.21	高砂丸	ナホトカ	2,500
昭25. 2. 8	高砂丸	ナホトカ	2,203
昭25. 4.17	明優丸	ナホトカ	1,600
昭25. 4.22	信濃丸	ナホトカ	1,244
昭25. 5.13	新興丸	釜山	58
昭28. 3.23	興安丸	秦皇島	2,008
昭28. 3.23	高砂丸	上海	1,959
昭28. 3.26	白山丸	塘沽	500
昭28. 3.26	白龍丸	塘沽	469
昭28. 4.15	興安丸	秦皇島	1,968
昭28. 4.17	白山丸	上海	512
昭28. 4.17	白龍丸	上海	506
昭28. 4.21	高砂丸	塘沽	1,915
昭28. 5. 8	高砂丸	秦皇島	1,786
昭28. 5.11	白山丸	上海	513
昭28. 5.11	白龍丸	上海	508
昭28. 5.15	興安丸	塘沽	1,918
昭28. 7. 6	白山丸	上海	506
昭28. 7. 6	白龍丸	上海	500
昭28. 7. 8	高砂丸	秦皇島	1,817
昭28. 7. 8	興安丸	塘沽	1,909
昭28. 8.10	興安丸	塘沽	1,192
昭28. 8.11	高砂丸	上海	1,508
昭28. 8.11	白山丸	上海	492
昭28. 9. 6	高砂丸	塘沽	1,190
昭28. 9. 9	白山丸	上海	497
昭28. 9. 9	白龍丸	上海	468
昭28.10.14	高砂丸	塘沽	1,491
昭28.12. 1	興安丸	ナホトカ	811
昭29. 3.20	興安丸	ナホトカ	420
昭29. 9.27	興安丸	塘沽	565
昭29.11.30	興安丸	塘沽	604
昭30. 2.24	興安丸	塘沽	949
昭30. 3.29	興安丸	塘沽	816
昭30. 4.18	興安丸	ナホトカ	88
昭30. 9. 2	北斗丸	ナホトカ	36
昭30.12.11	大成丸	ナホトカ	43
昭30.12.18	興安丸	塘沽	283
昭31. 3. 6	大成丸	ナホトカ	19
昭31. 4.22	こじま	遠湖	36
昭31. 6. 9	北斗丸	ナホトカ	62
昭31. 7. 3	興安丸	塘沽	335
昭31. 8. 1	興安丸	塘沽	610
昭31. 8.19	興安丸	ナホトカ	115
昭31. 9. 5	興安丸	塘沽	570
昭31.10.16	遠徳丸	ナホトカ	47
昭31.12. 4	こじま	ナホトカ	23
昭31.12.26	興安丸	ナホトカ	1,025
昭32. 5.24	興安丸	塘沽	1,486
昭32. 8. 1	興安丸	真岡	219
昭32.10.20	白山丸	真岡	317
昭33. 1.14	白山丸	真岡	546
昭33. 1.27	白山丸	真岡	549
昭33. 4.24	白山丸	塘沽	430
昭33. 5. 7	白山丸	塘沽	423
昭33. 5.27	白山丸	塘沽	562
昭33. 6.21	白山丸	塘沽	564
昭33. 7.13	白山丸	塘沽	579
昭33. 9. 7	白山丸	真岡	472

舞鶴入港の引揚船一覧表

入港期日	船名	出港地	引揚者数
昭20.10. 7	雲仙丸	釜山	2,100
昭20.10. 8	白龍丸	釜山	2,300
昭20.10.16	雲仙丸	釜山	1,930
昭20.10.17	白龍丸	釜山	2,566
昭20.10.30	雲仙丸	釜山	1,680
昭20.11. 3	白龍丸	釜山	2,217
昭21. 2.18	長鯨	沖縄	6
昭21. 2.27	間宮丸	釜山	8
昭21. 3.21	間宮丸	釜山	46
昭21. 4.13	朝輝丸	釜山	408
昭21. 4.16	V39号	上海	3,273
昭21. 4.21	V97号	上海	3,322
昭21. 4.22	V100号	上海	3,332
昭21. 4.27	V2号	上海	3,802
昭21. 4.28	V99号	上海	3,134
昭21. 6. 5	V74号	葫蘆島	3,474
昭21. 6. 6	V7号	葫蘆島	3,492
昭21. 6. 7	V82号	葫蘆島	3,143
昭21. 6.20	V74号	葫蘆島	3,545
昭21. 6.22	V70号	葫蘆島	2,490
昭21. 6.26	V53号	葫蘆島	2,475
昭21. 6.27	V57号	葫蘆島	2,489
昭21. 6.28	V28号	葫蘆島	2,492
昭21. 6.28	V82号	葫蘆島	2,425
昭21. 6.29	V61号	葫蘆島	2,499
昭21. 6.29	V92号	葫蘆島	2,479
昭21. 6.30	V69号	葫蘆島	2,492
昭21. 7. 1	V86号	葫蘆島	2,503
昭21. 7. 1	V45号	葫蘆島	2,504
昭21. 7. 2	V100号	葫蘆島	2,498
昭21. 7. 2	V29号	葫蘆島	2,482
昭21. 7. 3	V2号	葫蘆島	2,490
昭21. 7. 4	V74号	葫蘆島	2,495
昭21. 7. 4	V37号	葫蘆島	2,497
昭21. 7. 5	V44号	葫蘆島	2,496
昭21. 7. 6	V70号	葫蘆島	2,506
昭21. 7. 6	V24号	葫蘆島	2,508
昭21. 7.10	V28号	葫蘆島	2,507
昭21. 7.13	V27号	葫蘆島	2,534
昭21. 7.13	V17号	葫蘆島	2,506
昭21. 7.15	V76号	葫蘆島	2,525
昭21. 7.15	V92号	葫蘆島	2,538
昭21. 7.16	V53号	葫蘆島	2,513
昭21. 7.17	V86号	葫蘆島	2,559
昭21. 7.17	V69号	葫蘆島	2,535
昭21. 7.18	V82号	葫蘆島	2,489
昭21. 7.18	V29号	葫蘆島	2,529
昭21. 7.21	V74号	葫蘆島	2,553
昭21. 7.21	V68号	葫蘆島	2,568
昭21. 7.21	V37号	葫蘆島	2,501
昭21. 7.21	V100号	葫蘆島	2,515
昭21. 7.22	V61号	葫蘆島	2,458
昭21. 7.23	V2号	葫蘆島	2,541
昭21. 7.23	V44号	葫蘆島	2,542
昭21. 7.23	V70号	葫蘆島	2,514
昭21. 7.24	V24号	葫蘆島	2,494
昭21. 7.26	V57号	葫蘆島	2,681
昭21. 7.29	V76号	葫蘆島	2,605
昭21.12. 8	大久丸	ナホトカ	2,555
昭21.12. 8	恵山丸	ナホトカ	2,445
昭22. 1. 4	明優丸	ナホトカ	2,518
昭22. 1. 6	遠州丸	ナホトカ	2,491
昭22. 2.13	信濃丸	大連	3,052
昭22. 2.13	辰日丸	大連	3,549
昭22. 2.18	大瑞丸	大連	3,202
昭22. 2.20	栄豊丸	大連	3,469
昭22. 2.23	永徳丸	大連	3,071
昭22. 2.24	英彦丸	大連	2,894
昭22. 4. 7	明優丸	ナホトカ	3,118
昭22. 4. 9	大郁丸	ナホトカ	3,249
昭22. 4.10	信洋丸	ナホトカ	2,012
昭22. 4.15	米山丸	ナホトカ	2,038
昭22. 4.18	永徳丸	ナホトカ	2,013
昭22. 4.22	明優丸	ナホトカ	3,205
昭22. 4.25	大郁丸	ナホトカ	3,098
昭22. 4.28	信洋丸	ナホトカ	2,500
昭22. 4.30	米山丸	ナホトカ	2,376
昭22. 5. 2	明優丸	ナホトカ	3,006
昭22. 5. 6	大郁丸	ナホトカ	2,934
昭22. 5. 9	第一大拓丸	ナホトカ	2,409
昭22. 5.11	永禄丸	ナホトカ	2,628
昭22. 5.14	遠州丸	ナホトカ	3,028
昭22. 5.18	米山丸	ナホトカ	2,935
昭22. 5.20	恵山丸	ナホトカ	3,206
昭22. 5.26	永禄丸	ナホトカ	2,860
昭22. 5.28	高砂丸	ナホトカ	1,900
昭22. 6. 6	遠州丸	ナホトカ	3,101
昭22. 6. 9	米山丸	ナホトカ	3,012
昭22. 6.12	恵山丸	ナホトカ	3,087
昭22. 6.15	永禄丸	ナホトカ	2,814
昭22. 6.18	第一大拓丸	ナホトカ	3,014
昭22. 6.20	遠州丸	ナホトカ	2,599
昭22. 6.25	米山丸	ナホトカ	2,395
昭22. 6.28	山澄丸	ナホトカ	604
昭22. 6.28	栄豊丸	ナホトカ	636
昭22. 7. 3	信洋丸	興南	510
昭22. 7. 6	恵山丸	ナホトカ	2,010
昭22. 7. 9	永禄丸	ナホトカ	2,007
昭22. 7.12	第一大拓丸	ナホトカ	2,032
昭22. 7.14	遠州丸	ナホトカ	2,005
昭22. 7.17	信洋丸	ナホトカ	2,001
昭22. 7.22	恵山丸	ナホトカ	2,004
昭22. 7.24	永禄丸	ナホトカ	2,011
昭22. 7.27	高砂丸	ナホトカ	1,120
昭22. 7.27	第一大拓丸	ナホトカ	2,018
昭22. 7.30	遠州丸	ナホトカ	2,009
昭22. 8. 3	恵山丸	ナホトカ	2,018
昭22. 8. 6	永禄丸	ナホトカ	2,001
昭22. 8. 9	第一大拓丸	ナホトカ	2,000
昭22. 8.12	信濃丸	ナホトカ	2,000
昭22. 8.14	遠州丸	ナホトカ	2,001
昭22. 8.18	米山丸	ナホトカ	2,003
昭22. 8.21	永禄丸	ナホトカ	2,011
昭22. 8.24	山澄丸	ナホトカ	2,009
昭22. 8.26	信濃丸	ナホトカ	2,000
昭22. 8.29	高砂丸	ナホトカ	2,027
昭22. 9. 2	米山丸	ナホトカ	2,016
昭22. 9. 6	遠州丸	ナホトカ	2,008
昭22. 9. 8	高砂丸	ナホトカ	2,021
昭22. 9.12	信濃丸	ナホトカ	2,008
昭22. 9.23	恵山丸	ナホトカ	2,000
昭22. 9.27	遠州丸	ナホトカ	2,008
昭22. 9.27	栄豊丸	ナホトカ	2,002
昭22. 9.28	白龍丸	ナホトカ	1,633
昭22. 9.30	信洋丸	ナホトカ	2,030
昭22.10. 2	高砂丸	ナホトカ	2,023
昭22.10. 6	第一大拓丸	ナホトカ	2,000
昭22.10. 9	恵山丸	ナホトカ	2,003
昭22.10.13	栄豊丸	ナホトカ	2,008
昭22.10.16	遠州丸	ナホトカ	2,006
昭22.10.18	信洋丸	ナホトカ	2,002
昭22.10.20	高砂丸	ナホトカ	2,047
昭22.10.25	永徳丸	ナホトカ	2,454
昭22.10.26	白龍丸	ナホトカ	2,009
昭22.10.28	新興丸	ナホトカ	1,421
昭22.10.28	北鮮丸	ナホトカ	1,205
昭22.10.28	雲仙丸	ナホトカ	1,035
昭22.10.29	恵山丸	ナホトカ	1,719
昭22.10.31	第一大拓丸	ナホトカ	1,938
昭22.10.31	高砂丸	ナホトカ	1,608
昭22.11. 2	遠州丸	ナホトカ	2,016
昭22.11. 8	宗谷	興南	535
昭22.11.10	信濃丸	ナホトカ	2,510
昭22.11.19	白龍丸	ナホトカ	2,003
昭22.11.20	永徳丸	ナホトカ	2,506
昭22.11.21	恵山丸	ナホトカ	2,224
昭22.11.25	第一大拓丸	ナホトカ	2,006
昭22.11.26	高砂丸	ナホトカ	1,930
昭22.11.29	遠州丸	ナホトカ	2,013
昭22.12. 2	朝嵐丸	ナホトカ	2,000
昭22.12. 5	山澄丸	ナホトカ	2,124
昭23. 5. 6	明優丸	ナホトカ	2,001
昭23. 5. 9	永徳丸	ナホトカ	2,007
昭23. 5. 9	信濃丸	ナホトカ	2,000
昭23. 5.12	信洋丸	ナホトカ	2,003
昭23. 5.14	恵山丸	ナホトカ	2,000
昭23. 5.24	朝嵐丸	ナホトカ	2,007
昭23. 5.25	高砂丸	ナホトカ	2,000
昭23. 5.28	山澄丸	ナホトカ	2,000
昭23. 5.29	大郁丸	ナホトカ	2,003
昭23. 5.30	明優丸	ナホトカ	2,001
昭23. 5.31	第一大拓丸	ナホトカ	2,000
昭23. 6. 1	永徳丸	ナホトカ	2,002
昭23. 6. 2	信濃丸	ナホトカ	2,003
昭23. 6. 5	高砂丸	ナホトカ	2,010
昭23. 6.12	信洋丸	ナホトカ	2,000
昭23. 6.14	英彦丸	ナホトカ	2,000
昭23. 6.16	栄豊丸	ナホトカ	2,000
昭23. 6.18	恵山丸	ナホトカ	2,000
昭23. 6.20	遠州丸	ナホトカ	2,000
昭23. 6.21	明優丸	ナホトカ	2,000
昭23. 6.24	永徳丸	ナホトカ	2,000
昭23. 6.26	第一大拓丸	ナホトカ	2,000
昭23. 6.27	信濃丸	ナホトカ	2,000
昭23. 6,29	信洋丸	ナホトカ	1,963
昭23. 7. 2	英彦丸	ナホトカ	1,500

一九四五年至一九五八年間，在舞鶴港靠岸的遣返船，此表由舞鶴引揚紀念館製表

與此同時，以文在鐵路隊的工作已進入尾聲，其後，收容所方為慶祝鐵路開通，鐵路隊隊員不僅有酒可喝，還獲得兩顆蘋果。此時，按照日軍內部的晉升時程，以文的階級已是兵長，如果還在戰爭時期，以文可能會被新進的初年兵稱呼一聲：「景山兵長大人」。不過，在西伯利亞，不會有初年兵入伍，只有從其他收容所轉移來的日本人，而且，在西伯利亞才晉升的軍階，似乎沒什麼實質意義。

遣返

某日，以文被叫去體檢，在此之前，他就有聽聞，自己可能可以遣返的風聲。當體檢結束後，以文就在遣返名單上看到自己的名字。通常收容所公布遣返名單有兩種方式，一種是公告在公告欄，一種是唱名。但不管哪一種，等待的過程，對隊員來說都很煎熬。名單公布後，收容所的隊友分成兩群，一群準備回鄉的人，另一群，則是不在遣返名單上的人。

以文事後回想，體檢時，一旁的日本軍醫不斷向女軍醫說情，如果沒有他，或許結局就不同了。事實上，收容所方在考量是否讓戰俘遣返時，蘇聯女軍醫的確會參考日本軍醫的意見，再做判斷。如果體檢的戰俘接近遣返標準，日本軍醫會儘量讓同袍過關。

要返鄉的人離開收容所時，也與留下的人相互道別，彼此說著：「回到日本，一定要再相見。」以文和其他隊員坐上軍用卡車前往車站，搭上開往納霍德卡的列車。以文在列車上，回想兩年多前，無端被送來到這裡，不知此生是否還能返鄉。如今，不知在東京與宜蘭的家人是否安好？納霍德卡是民用港口，位在海參崴東邊。多艘先後從舞鶴駛來的船，已在此接運了十幾萬人返日。舞鶴位在日本海的另一端，是日本重要的軍港之一。日本投降之後，舞鶴成爲海外日本人返日的入口之一。從西伯利亞遣返回國的日本人，幾乎都在舞鶴上陸。爲處理龐大的遣返業務，日本的陸、海軍分別在舞鶴成立「山陰上陸地支局」、「舞鶴海軍復員收容部」。一九四五年十一月，前述機構與「京都府舞鶴出張所第三部」整併爲「舞鶴地方引揚援護局」。由京都市長出任引揚援護局的局長，負責處理遣返的相關業務。一九四六年十二月，美蘇簽訂協定，納霍德卡與舞鶴間的遣返作業緩慢地進行。一九四七年是遣返回日的最盛期，光是這一年就有十八萬人，由多艘遣返船，分八十三次接送返日。[3]

不過，從一九四七年十月底以來，一直沒有遣返船入港的消息。好不容易進入一九四八年四月底，遣返的作業又重新開啓。日方在五月初接到蘇聯方面要求提供可載運三千五百人的船隻後，隨即準備了遠超過此數目的船隻前往接應。一九四八年五到十二月，每月至少一艘遣返船往來兩地。

以文抵達納霍德卡港後，就與其他隊員被編入遣返大隊。一九四八年五月初，以文搭上信濃丸，準備駛向舞鶴。信濃丸是艘極具傳奇色彩的船隻，船齡已達四十八年。在以文搭乘之前，一些名人，像是水木茂、永井荷風、孫文等人都曾搭過信濃丸。二戰期間，水木茂搭乘此船前往東南亞，水木只是觸摸船壁，一大片鏽鐵就剝落，船員開玩笑告訴水木說，信濃丸還會浮著，本身就是一個奇蹟，就算美軍魚雷只是從旁經過，信濃丸也會沉沒。有關信濃丸的軼事不少，像是信濃丸早期曾被日本海軍徵用作爲偵察用，還在五島列島附近，發現俄國的波羅的海艦隊，當時信濃丸船上都是海軍軍人，艦長成川揆立即回報。最後，波羅的海艦隊就在對馬海峽，遭日本聯合艦隊重創。

日俄戰爭後，信濃丸轉行駛於基隆與神戶之間。二戰終戰後，信濃丸仍多次往復舞鶴與納霍德卡之間，載運了無數日本人返回家鄉，最後於一九五一年報廢。以文就是在信濃丸的「晚年」搭上它返回日本。

信濃丸船上有兩千人，其中陸軍佔絕大多數（一，九〇一人），其次是海軍（十人）、平民（七十七人）、非日本人的軍人（十二人）。除了以文，還有十一名可能來自臺灣、朝鮮等地的軍人。在前一年（一九四七），日本政府宣布即日起，韓國人與臺灣人爲外國人。

3. 舞鶴地方引揚援護局編、加藤聖文監修，《舞鶴地方引揚援護局史》，頁五四九－五五二。

那麼，到底有多少來自臺灣、朝鮮的人從舞鶴上岸呢？根據舞鶴引揚援護局的統計，一共有三，三五三人。4

信濃丸上，以文吃著米飯、味噌湯、梅子，這些再平凡不過的食物，卻是在收容所時，只能在夢裡大快朵頤的料理。船上的醫生與護士，也為以文與同袍進行疫苗接種與診療。船緩慢地朝日本的方向駛去，當遠方隱約出現陸地，甲板上擠滿人，只為爭睹闊別多年的故土，看著陸地越來越近，船上的人流著淚相互擁抱。

五月九日，信濃丸駛入舞鶴港，以文走下棧橋，身邊的人不是與家人重逢，就是坐上復員列車返鄉。庫里空農場的同袍先後在一九四八年五至十一月、一九四九年七至八月間搭

舞鶴入港日（復員日）一覧表（1）

入港 年月日	船名	氏名	備考
22. 8. 12	信濃丸	牧野弘道	
〃 8. 29	高砂丸	菊木悦人	推定
〃 9.		佐藤平一	入港日・船名 ？
〃 10. 13	栄豊丸	伊勢久憲	
〃 10.		佐藤教哉	〃
◯ 23. 5. 9	信濃丸	陳 以文 景山雅文	
〃 6. 12	信洋丸	國谷春雄	
〃 6. 14	英彦丸	田村範雄 山室 進	
〃 6. 18	恵山丸	有働健正	
〃 6. 20	遠州丸	小阪俊一 北野高二 黒田 契	小阪 月日要確認
〃 6.		米山夏生 奥山一郎	入港日・船名 ？
〃 7. 12	恵山丸	高尾 廉	
〃 7. 26	朝嵐丸	黒木正雄	
〃 8. 24	栄豊丸	笹原末吉	
〃 8. 25	信濃丸	斉藤 勇	
〃 9. 1	永徳丸	菅井春雄 斉藤長太郎	
		寺澤千太郎	寺澤 船名要確認
〃 9. 11	明優丸	富士本芳市	又は9/3 の信濃丸
〃 9. 28	永徳丸	関戸松雄	
〃 10. 30	永徳丸	倉内二郎 蛸谷 勝 新谷吉久	
〃 11. 27	山澄丸	片桐源之助	
24. 7. 20	英彦丸	岸 忠 池田勝義	
〃 7. 22	遠州丸	長渡信六 福地 進	
〃 7. 22	恵山丸	今泉文彦 山嶋 降	
〃 7.		大路秀雄	入港日・船名 ？
〃 8. 1	栄豊丸	梅谷陽一	

（全般 6）

陳以文與其他隊員在舞鶴上岸的時間與船班，由此處可知他於一九四八年五月九日抵達舞鶴，所乘船隻為信濃丸

乘引揚船返回到日本。大批遣返回來的日本軍人穿著軍服，搭上返鄉的火車，而民間地方自治團體、學生團體則在各地的車站迎接這些返鄉軍人。各地車站內還設有引揚相談所，協助軍人重新回到社會。

以文無法搭上復員火車返回橫濱，而是被留置在舞鶴，舞鶴引揚援護局的人員告訴以文，說他已經是中華民國籍，不能留在日本，而且必須受到警察的看管。

成爲在日外國人，好處只有食物的配給比較豐富。留在舞鶴的以文行動受限，晚上和四、五個警察睡在一起，以文不禁懷疑，警察雖然對他不錯，

4. 舞鶴地方引揚援護局編、加藤聖文監修，《舞鶴地方引揚援護局史》，頁四八七、五二六。

舞鶴港陳以文上岸處，陳力航攝影

但是不是在監視他、怕他偷跑呢。特別的是，其中有名警察曾在基隆任職。這名警察唱起中華民國的國歌給以文聽，還告訴他說，現在臺灣要學習三民主義、ㄅㄆㄇㄈ。以文一頭霧水，想說這是什麼歌，才知道臺灣被中華民國統治，自己成為戰勝國的人民。

以文被留置在舞鶴的同時，以文的二哥鎮榕一直在橫濱車站等待弟弟的歸來。鎮榕已是一名牙科醫師，並與日本女性結婚，歸化日本籍。以文的大哥長炫，也是牙醫師，在戰爭期間與日本女性結婚，但不幸的是，長炫與妻子先後罹患肺結核，雖經堂哥陳日昇努力診治，但在藥物缺乏的情況下，長炫仍於一九四五年底過世，

陳成章（陳以文弟）

陳以文的大哥陳長炫

遺骨由以文的弟弟成章帶回臺灣，哀痛逾恆的士金，一度無法接受這個殘酷的事實。而鎮榕留在日本，等待以文的消息。

鎮榕某日在橫濱車站，巧遇以文的同袍蛸谷勝，正要返回千葉的蛸谷，告訴鎮榕說，以文仍在舞鶴。[5] 於是兄弟倆才得以在舞鶴重逢。

被留置在舞鶴港的臺灣人，不只有以文，這段期間，有其他七名臺人也在此上岸，大家被安置在一起。他們的名字分別是陳忠華、葉海森、蕭瑞郎、吳龍山、龔新登、南善盛、彭武進。這些臺灣人都曾在西伯利亞戰俘營待過，以蕭瑞郎爲例，蕭瑞郎原先在東京讀大學，戰時決定投筆從戎，他從久留米預備士官學校畢業後，被分發到朝鮮的羅南（位於今日北朝鮮境內）。一九四五年九月，蕭瑞郎和下屬在惠山鎮一帶被蘇聯軍解除武裝，最後和同袍們一同被拘留在朝鮮境內的咸興監獄。經過兩、三年的戰俘生活，最後終於返抵日本，但就像以文一樣，無法留在日本。[6]

5. 蛸谷勝是從八戶教育隊、滿洲、西伯利亞，都和以文一起的戰友。
6. 蕭瑞郎，〈祕めなる人生〉《堵南會報》第三號（二〇〇〇年十月一日），頁十四－十七。

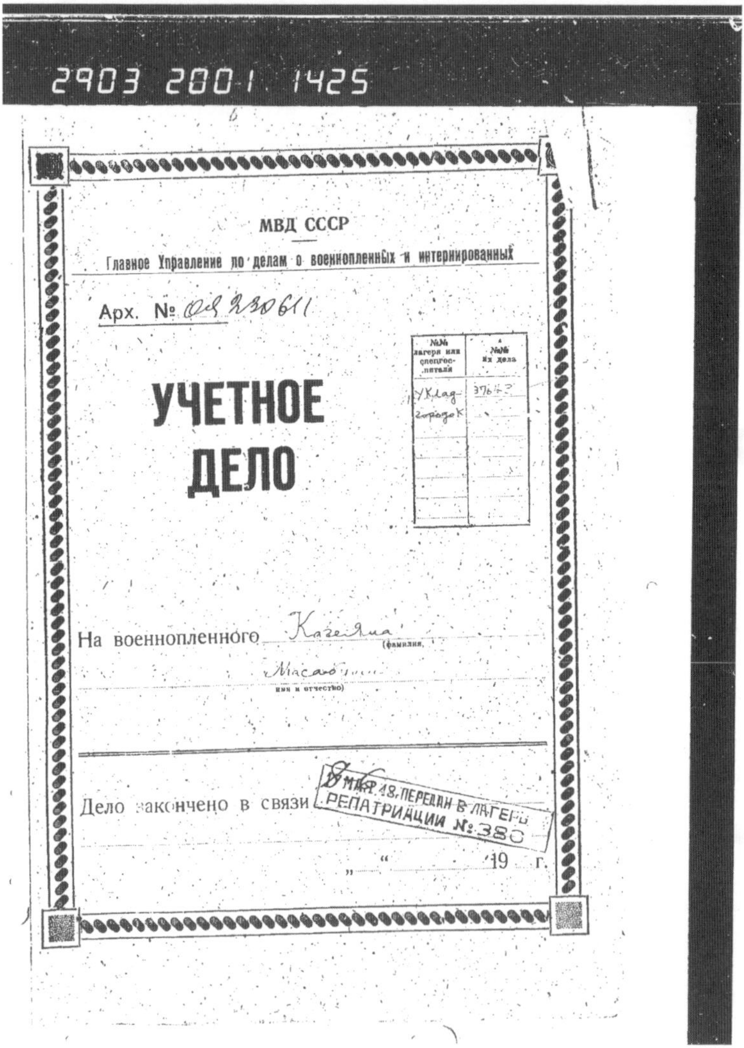

2903 2001 1425

МВД СССР

Главное Управление по делам о военнопленных и интернированных

Арх. № 08230611

№№ лагеря или спецгос-питаля	№№ их дела
УКлад-городок	37643

УЧЕТНОЕ

ДЕЛО

На военнопленного Кагеяма (фамилия,

Масао (имя и отчество)

Дело закончено в связи 8 МАР. 48. ПЕРЕДАН В ЛАГЕРЬ РЕПАТРИАЦИИ №:380

„ " 19 г.

陳以文登録文書（俄文）

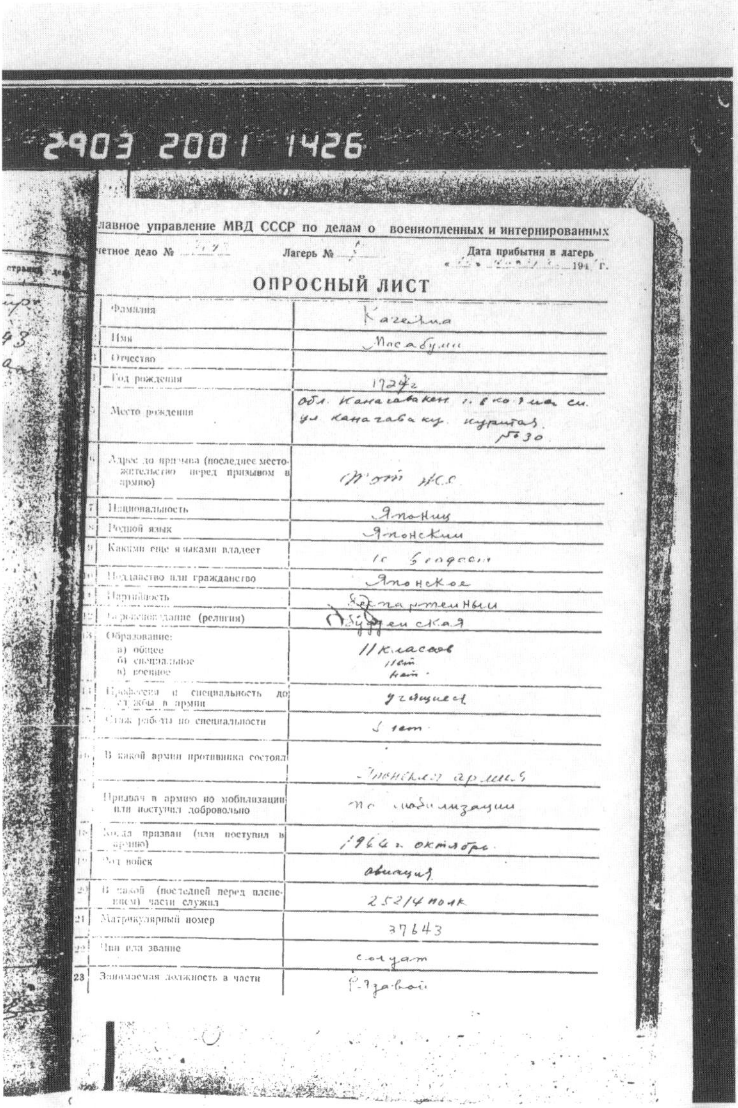

2903 2001 1426

[Г]лавное управление МВД СССР по делам о военнопленных и интернированных

[Уч]етное дело № ... Лагерь № ... Дата прибытия в лагерь «...» ... 194 г.

ОПРОСНЫЙ ЛИСТ

1	Фамилия	Кагейма
2	Имя	Масабуми
3	Отчество	
4	Год рождения	1924г
5	Место рождения	Обл. Канагавакен г. Екосима си. ул Канагаваку. курита? №30
6	Адрес до призыва (последнее место-жительство перед призывом в армию)	То же н.с.
7	Национальность	Японец
8	Родной язык	Японский
9	Какими еще языками владеет	Не владеет
10	Подданство или гражданство	Японское
11	Партийность	Беспартийный
12	Вероисповедание (религия)	Буддийская
13	Образование: а) общее б) специальное в) военное	11 классов / нет / нет.
14	Профессия и специальность до службы в армии	учащийся
15	Стаж работы по специальности	5 лет.
16	В какой армии противника состоял	Японская армия
17	Призван в армию по мобилизации или поступил добровольно	по мобилизации
18	Когда призван (или поступил в армию)	1944 г. октябрь.
19	Род войск	авиация
20	В какой (последней перед пленением) части служил	25214 полк
21	Матрикулярный номер	37643
22	Чин или звание	солдат
23	Занимаемая должность в части	Рядовой

這份文書當中清楚記載陳以文的各項資訊，例如姓名、生日、在日本時的住址等

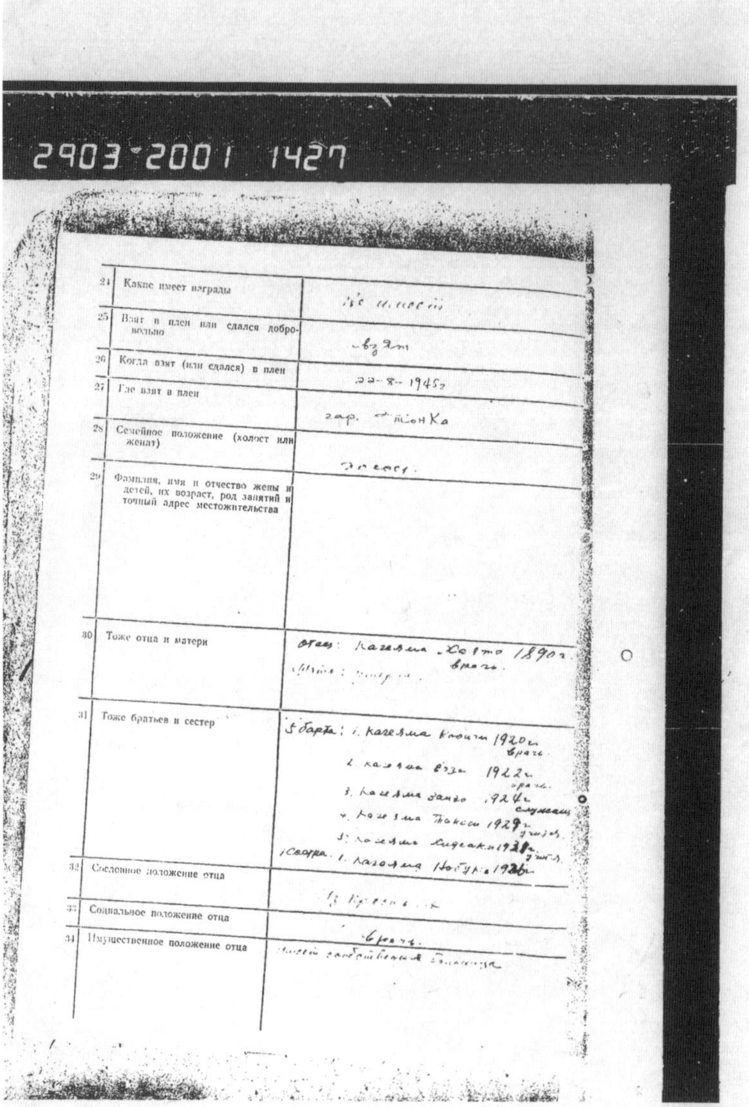

2903-2001 1427

24	Какие имеет награды	не имеет
25	Взят в плен или сдался добровольно	взят
26	Когда взят (или сдался) в плен	22-8-1945 г.
27	Где взят в плен	гор. [illegible]тонка
28	Семейное положение (холост или женат)	холост.
29	Фамилия, имя и отчество жены и детей, их возраст, род занятий и точный адрес местожительства	
30	Тоже отца и матери	отец: Кагэяма Хэйто 1890 г. врач. Мать: [illegible]
31	Тоже братьев и сестер	5 брата: 1. Кагэяма Кноити 1920 г. врач. 2. Кагэяма Ёдзи 1922 г. врач. 3. Кагэяма Дзандзо 1924 г. служащ. 4. Кагэяма Такео 1929 г. учится. 5. Кагэяма Хидеаки 1928 г. учится. 1 сестра. 1. Кагэяма Нобуко 1926 г.
32	Сословное положение отца	из [illegible]
33	Социальное положение отца	врач.
34	Имущественное положение отца	имеет собственную больницу

除了個人資訊之外，文書當中也記載家族成員的相關資訊

2903 2001 1428

35	Социальное и имущественное положение военнопленного	Нет
36	Проживал ли в Советском Союзе (где, когда и чем занимался)	Не проживал
37	Кто из родственников и знакомых проживает в СССР (их фамилии, имена, отчества, возраст, место работы, род занятий, местожительство)	Не проживали
38	Был ли под судом или следствием, когда, где, кем и за что осужден, где отбывал наказание	Не был
39	В каких других государствах бывал. С какого и по какое время, чем занимался	Не был
40	Перечислить подробно всю практическую деятельность до призыва в армию	Начальная школа 6 лет с 1934 по 1940 г. Средняя школа 4 лет с 1940 по 1944 г. Учащийся 5 лет. С октября 1944 г по августа 1945 г был в армии

此頁的最下方記錄陳以文的經歷

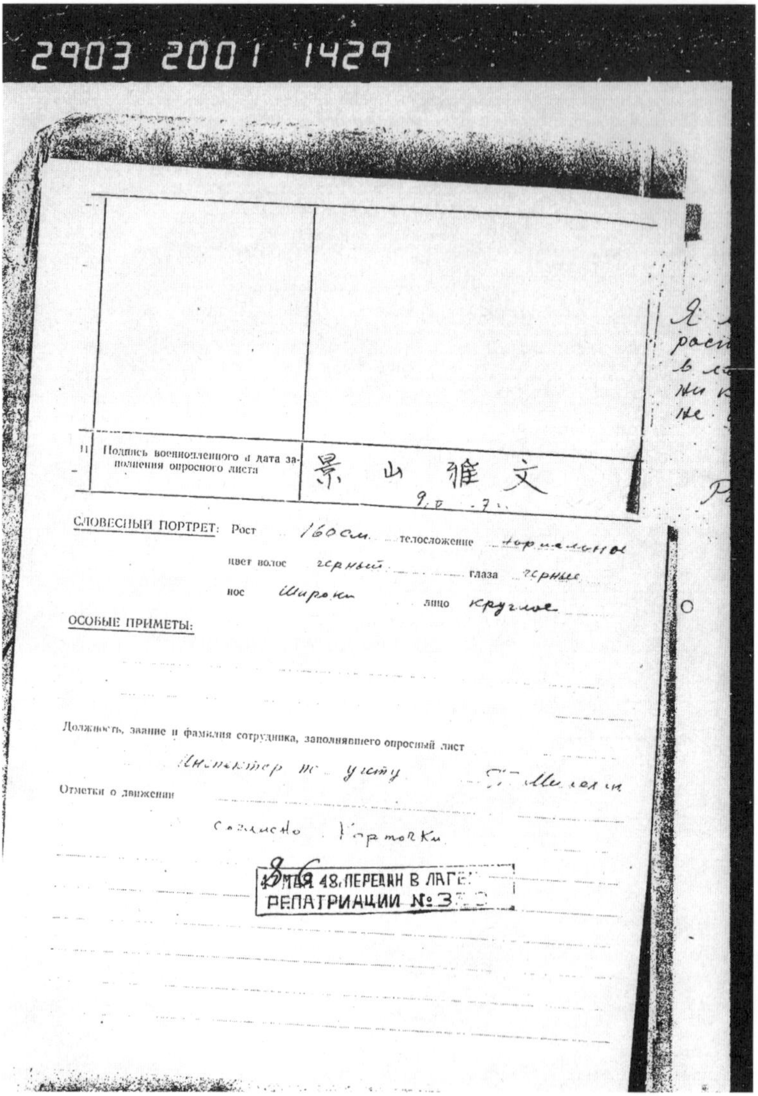
2903 2001 1429

11	Подпись военнопленного и дата заполнения опросного листа	景山雅文

СЛОВЕСНЫЙ ПОРТРЕТ: Рост 160см. телосложение нормальное

цвет волос черный глаза черные

нос широкий лицо круглое

ОСОБЫЕ ПРИМЕТЫ:

Должность, звание и фамилия сотрудника, заполнявшего опросный лист

Инспектор по учету

Отметки о движении

Согласно карточки

МАЯ 48. ПЕРЕДАН В ЛАГЕ
РЕПАТРИАЦИИ №

景山雅文是陳以文的日文名字。日治末期，陳家改姓景山。以文的父親陳土金改名為景山逸人，陳土金之所以幫以文取名「雅文」，是希望他的個性能像名字一樣「文雅」一點。一九四五年八月二十二日，當戰爭結束後，土金立刻恢復原來的姓名

極 秘

ソビエト社会主義共和国連邦 内務省
捕虜並びに抑留者業務総局

公文書保管所 No. 230611

収容所又は病院 No.	登録文書 No.
第 7 収容所	37643(?)

登 録 文 書

捕 虜 景山
(姓)
雅文
(名前及び父称)

本文書は 380 帰還収容所への引渡し にともない終了。

1948年6月8日

此為登錄文書的日文版。
之所以申請這份文書，主要是要用於申請薪餉時作為證明

ソ連邦内務人民委員部　戦争捕虜・抑留者業務管理総局

登録文書No　判読不可　　収容所No. 7　　　　収容所到着日 194？年？月？日

調　査　表

1.	姓	景山
2.	名前	雅文
3.	父称	
4.	出生年	192？年
5.	出生地	神奈川県横浜市神奈川区栗田谷30番地
6.	召集前の住所	同上
7.	民族	日本人
8.	母国語	日本語
9.	他の習得語	なし
10.	国籍	日本
11.	党籍	無政党
12.	信仰(宗教)	仏教
13.	教育	
	(ア) 一般	11学年
	(イ) 専門	なし
	(ウ) 軍事	なし
14.	入隊前の職業及び専門	学生
15.	勤続期間	なし
16.	どこの敵軍にいたのか	日本軍
17.	動員令による入隊か、希望入隊か	動員令
18.	召集(入隊)時期	1944年10月
19.	兵種	航空隊
20.	捕虜になる前の所属	25214連隊
21.	名簿番号	37643
22.	階級又は称号	兵
23.	部隊での役職	兵

陳以文之所以未如其他臺灣人一樣被釋放，可能的原因是他並未表明自己是臺灣人，所以在民族一欄上被註記是日本，加上出生地也寫神奈川橫濱的住處（即森院長的住處），而陳以文日後亦表示，在那當下，他覺得自己是日本人

24.	褒賞	なし
25.	捕虜にされたのか、自発的に投降したのか	捕虜
26.	捕虜になった時期	1945年8月22日
27.	捕虜になった場所	トンカ市
28.	家族状況 （未婚・既婚）	未婚
29.	妻・子供の姓名 年齢、職業、住所	—
30.	父母の姓名 年齢、職業、住所	父：景山　ハヤト　1890年　医師 母：死亡
31.	兄弟・姉妹の姓名 年齢、職業、住所	兄弟：景山　コーイチ　1920年　医師 ヨーゾー（?）　1922年　医師 ザンゾー（?）　1924年　会社員 タケシ　1929年　学生 ヒデアキ　1930年　生徒 姉妹：景山　ノブコ　1926年
32.	父親の階級的身分	農民出
33.	父親の社会的身分	医師
34.	父親の資産状況	病院

父親景山ハヤト即陳土金，兄弟姊妹欄由上至下為大哥景山孝一（陳長炫，此時以文尚不知大哥已亡故）、二哥洋二（陳鎮榕）、三哥在三（陳在三），弟弟毅（陳成章）、秀明（陳盤銘），大姊信子（陳信）。此表格的出生年與實際出生年有出入

35.	捕虜の社会的・資産状況	なし
36.	ソ連に居住したことがあるか （場所・時期・職業）	なし
37.	ソ連に居住している親族 （姓名、年齢、勤務地、職業、住所）	なし
38.	裁判や取調べを受けた経験 （いつ、どこで、誰に何が理由で受けたのか、服役場所）	なし
39.	外国に行った経験 （期間、何に従事していたか）	なし
40.	召集前の具体的活動に関して詳細に列挙せよ	1934－1940年、小学校　6年 1940－1944年、中学校　4年 学生　?年 1944年10月—1945年8月、従軍

最下方為以文的學經歷

41	捕虜のサイン及び 調査票記入日	景山　雅文 1947年5月9日

人物描写：　身　長　１６０ｃｍ　　体　格　正常

髪の色　黒　　目の色　黒

鼻　広い　　顔　丸顔

特　徴：

調査票記入職員の役職名、称号、姓

調査官　　署名

移動に関する記録

1948年6月8日、380帰還収容所へ引き渡し

文書中也記錄以文的身高、髮色等資訊，若從文書的調查票計入日，可推知以文從納霍德卡搭上遣返船的時間區間為一九四八年五、六月

念書

私事、捕虜、景山　雅文は

第7収容所で

一切、貴重品が

没収されなかった事を

言明する。

1948年5月11日

景山　雅文

這份字據應該是以文即將離開納霍德卡時所留下。旨在說明自己待在第七收容所時，沒有被沒收任何貴重物品

曲折返臺

一九四八年八月，以文與其他臺灣人，從舞鶴搭火車到大阪，輾轉至佐世保，在佐世保等待船隻。不過，此時的他們恐怕沒有想過西伯利亞的經歷，將爲返鄉增添許多波折。一行人沿途在日本曾遭美軍憲兵多次盤問，不只如此，中華民國政府也掌握一行人在西伯利亞戰俘營的經歷。

其實，一行人會被美、中方懷疑很正常，早在一九四七年初，同樣是從納霍德卡搭船前往舞鶴的其他船上，曾有人拒絕登記名字、拒絕船上的診療與接種，甚至還有拒絕上陸的。爲什麼會如此呢？前面有提到，蘇聯在各收容所鼓動戰俘們參與民主運動，隨著遣返時間越後面，許多戰俘受到的影響也越深。

民主運動，和遣返有什麼關係？日本戰俘受到民主運動影響越深，就會越不認同戰後日本的政治立場。大概在一九四八年的下半，各遣返船上，因爲政治立場的不同，戰俘們所產生的糾紛與衝突，也越來越頻繁，這些人上陸之後集體行動，並且向引揚援護局提出各種奇怪的要求。如果是要求支付生活資金、用品，或者是保證就業等等的要求，或許還可以理解，但是在一九五〇年四月二十四日，同樣搭乘信濃丸的遣返者，向引揚援護局提出「吉田亡國內閣立刻總辭」、「爲強化日本與蘇聯的同盟友誼，應該無限制保證日蘇親善協會的活動自由」等，就很難不讓人另作聯想。這些受民主運動影響甚深的遣返者，不只提出上述的要求，甚至在下船後的一些集體行爲，也讓舞鶴當局與一般民眾深感驚訝。[7]

舉例來說，在一九四九年六月底，一艘同樣來自納霍德卡的引揚船靠岸，本來應該上演溫馨重逢的場面，結果遣返人員們手持「在敵人面前上陸」的旗子走下船，跳起蘇聯

陳以文在佐世保，準備搭船前往上海

集體農場的舞蹈，宣稱要加入日本共產黨等，這讓才剛走出戰火的日本人民相當錯愕。

同年七月，麥克阿瑟宣布共產主義違法，各行各業先後開除業內的共產黨員。以文的日本同袍們，雖然順利返回家鄉，但就像灣生返回日本一樣，從西伯利亞回來的戰俘，不免要面對社會異樣的眼光，

7. 舞鶴地方引揚援護局編、加藤聖文監修，《舞鶴地方引揚援護局史》，頁六七－一一二。華勒瑞著、黃煜文譯《當帝國回到家》頁九一、一三一－一三二。

陳以文（右一）與其他臺灣人在佐世保港邊合影，左三為陳忠華

有的人甚至因爲這段經歷，影響了日後的求職。所以，就算以文可以保有日本籍，返回橫濱繼續升學，在反共氛圍下，這段西伯利亞的經驗，多少會影響以文的求學、就職。但以文已不具有日本籍，人在佐世

陳以文（右）、陳鎮榕（左）

在佐世保陳以文（右），與二哥陳鎮榕（左）合影

保的他，即將搭船返鄉。

一九四八年九月七日，以文搭上海遼輪，同船還有五十名臺灣人。海遼輪是招商局的船隻，原先航行於上海至廈門之間。一九四八年七月下旬，海遼輪因應招商局開闢新航線，而往返上海—神戶兩地。海遼輪先在大阪裝載一千多噸的銅鎳幣（銅鎳合金的硬幣），在佐世保，又裝載五百噸的賠償物資，以及一群等待返鄉的臺灣人。[8]

前面提到，以文等人在西伯利亞的經歷，早已被中華民國政府掌握，在他們登上海遼輪的前一天，中華民國駐日代表團發了快郵代電給外交部：「外交部鈞鑒，被遣華僑五十一名將於九月七日乘海遼輪返國，約九月十日可以抵滬，內陳以文、陳忠華、葉海森、蕭瑞三郎、吳龍山、龔新登、南善盛、彭武進等八名臺民，係由蘇聯地區遣返日本，此次將由滬返臺，除已電請臺灣省政府暨鈞部駐滬辦事處通知有關單位對彼等行動加以注意……」。[9]

海遼輪本來預定在九月十日抵達上海，但由於和美軍船隻相撞，只好停留在佐世保進行維修。維修好，要再度啓航時，又遇到颱風，最後到十九日，幾經波折的海遼輪才終於啓

8. 〈裝運日償還物資 海遼輪日內返滬〉，《申報》一九四八年九月七日。
9. 〈我國駐日代表團遣送華僑返國〉，《外交部》，國史館藏，數位典藏號：020-010108-0026，頁一五九。

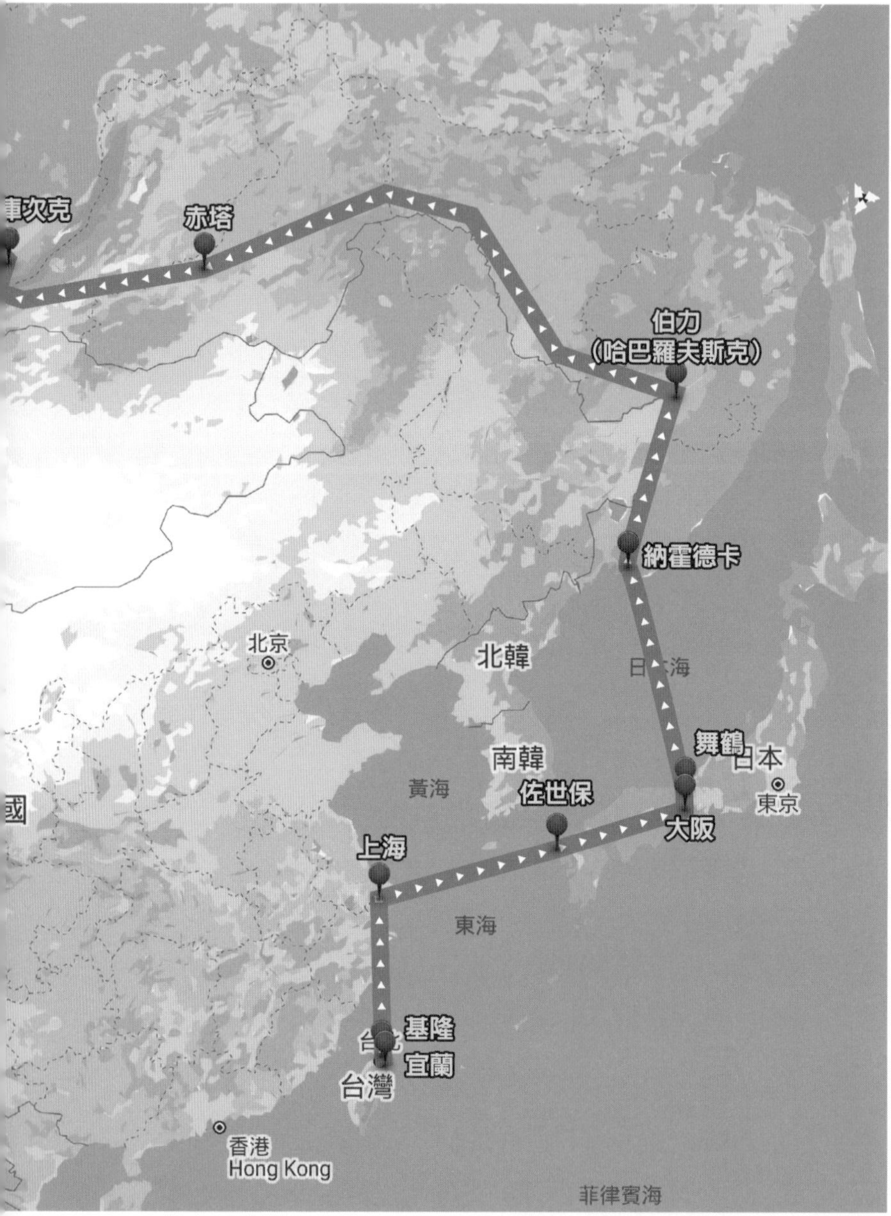

一九四八年五月至一九四八年十月，陳以文從泰舍特搭上遣返列車至納霍德卡，其後在舞鶴上陸，得知自己不再是日本人之後，輾轉大阪、佐世保、上海、基隆，最後終於回到宜蘭

航。根據當天（一九四八年九月十九日）的《申報》報導：「（本報訊）招商局海遼輪，自大阪佐世保運歸還及賠償物資，因颱風延緩返滬，昨據該輪來電，尚在佐世保外港避風，一俟天氣清朗即行啓椗返國。據悉該輪除載歸還及賠償物資外，並有僑胞八十六人，同輪返國。」[10]

根據駐日代表團提供的名單，此八十六人當中，臺灣人至少有四十六名，大多與以文年齡相仿。（詳見一五一頁附表）[11]

海遼輪在九月二十二日抵達上海，以文一行人馬上就被關進監獄，他們之所以會進監獄，除了那封快郵代電之外，也和語言有關，因爲這一行人當中，沒有一個人會說中文，在關鍵時刻無法幫自己辯駁。對於此時的以文來說，他的俄文程度，搞不好比中文還好呢。[12]

10. 〈風阻海遼輪滯留佐世保〉，《申報》一九四八年九月十八日、〈日僑胞八十六人將乘海遼輪歸國〉，《申報》一九四八年九月十九日。
11. 〈我國駐日代表團遣送華僑返國〉，《外交部》，國史館藏，數位典藏號：020-010108-0026，頁一六〇－一六一。
12. 〈被擄銅鎳幣首批運抵滬〉《申報》一九四八年九月二十二日。

再者，既然船上有這麼多臺人，何以日本政府是將這些人遣返到上海，而不是回基隆呢？這問題礙於史料限制，很難直接回答，如果按照海遼輪歷來的航線來看，前往上海實在不意外。這不代表當時沒有從日本開往臺灣的船，只是命運的安排，讓以文的返鄉之路多些曲折。但是，日本只支給這些臺灣人前往上海的「單趟船費和旅費」，金額根本不足以再購買返臺船票。

危急之時，蕭瑞郎的父親派人前來營救，一行人才被放出來。出獄後，上海臺灣同鄉會爲一行人安排的住所，是一間舞廳，蕭瑞郎父親派來的人，也幫忙買了船票。

好不容易，大夥終於上船，在基隆靠岸時，又不明究理地再度入獄，在獄中，以文憤怒唱起日本軍歌，唱到被警察警告。他沒想到，自己滿懷希望地踏上故土，卻被如此對待。

被關了一個星期後，他們最後由蕭瑞郎的父親出面作保，大家才得以出獄，以文的弟弟成章代表陳家前來迎接。早在一九四六年成章就先帶著大哥長炫的骨灰回家，回臺後進入臺北高級中學就讀。

面對以文的歸來，家人們無不喜極而泣。過去，當別人問及以文的下落時，以文的父親土金曾對人說：「以文死不了的啦，搞不好他已經在哪個地方，給別人當養子了。」

回臺的語言衝突

以文回臺後，先在父親的蓬萊醫院幫忙，每天幫病人打針、包藥。以文剛回到臺灣時，只會講日文，就連閩南語也不會講，還曾因為這樣，被誤認為琉球人。戰後初期，光使用日語暫時還是可以過活，但不會說國語，有時難免造成誤會，以文曾因此和外省藉的警察起衝突，其實警察只是希望以文幫他擦藥，但因為口氣不佳，加上以文聽不懂中文，所以兩人吵了起來。即使一旁的小販幫忙解釋說，以文才從日本回來，但他還是被帶去警察局。最後是土金親自出面，對方看在土金的面子上，才讓以文離開。

結婚、自立門戶

以文回臺隔年，就在昔日幼稚園老師的介紹下，與林素結婚，林素是宜蘭女學校高等科畢業，家裡是望族，林家在員山經營雜貨店。以文與林素婚後育有兩男兩女。一九五四年，以文的父親土金，將蓬萊醫院從宜蘭市中山路遷回和睦路的住家。原先中山路的診所，則開設景福藥房。景福藥房開設之初，生意很好，此時人們若是身體不舒服，症狀輕者大多會先前往藥房拿藥，由於醫院看診費較貴，萬不得已才會前往醫院。

一九四九年十二月，陳以文（前）、林素（後）結婚當日照片

一九四九年十二月，林素（左）、陳以文（右）結婚照，此時陳以文二十二歲，林素十七歲

以文就在景福藥房內幫忙，幾年後自立門戶，在蓬萊醫院不遠處的康樂路，開設「以文藥房」。康樂路、和睦路都是宜蘭市傳統的街區，和睦路在戰時曾遭受美軍的轟炸，耆老回憶起空襲那陣子的慘狀，和睦路的電線竿上，甚至曾掛著屍塊，人間煉獄，莫過於此。不過歷經戰後的復興，這一帶早已欣欣向榮。

以文藥房特色在於藥價便宜、打烊時間晚，營業時間是早上七點半到晚上九點半。打烊後，藥房的木門不會全關，方便深夜急需用藥的人買藥。藥房和日本的武田製藥、藤澤製藥都有往來。商品當中以感冒藥、提神飲料銷路最佳。氣候變化的時節是感冒藥銷售的旺季，提神飲料是夏季的暢銷品。

以文藥房客人五花八門，曾經有一位八十歲的長者告訴以文說，神明告訴他到以文藥房買藥即可治病。看來以文經營的藥房也成了民眾拿到藥籤後，會前往的藥店之一。

土金過世、重返日本

一九七六年，以文的父親土金逝世，享壽八十四歲。隔年，以文再度前往日本，目的是參加中學同學會。自從一九四八年返臺以來，這三十多年間，以文已非過往的少年，成為頭髮灰黑、身材發福的中年人。以文一下飛機，就看見一幅寫著：「歡迎　獨協中學　陳以文先輩　相隔三十三年」，舉著看板的打矢先生，是以文獨協中學的學弟，以文造訪了母校，並與劍道部學弟們合影。此後他多次返日，不只參加中學同窗會。像以文這樣擁有軍歷的人，也會去參加戰友會。像是八戶教育隊的時期「八戶會」、庫里空農場的「庫里空」會（又稱作「久凜會」）。

久凜會

這類同學會、戰友會的成立，以一九六〇年代中後期爲主，活動的高峰期是一九七〇、八〇年代。戰友的特徵，根據鶴見俊甫的看法，[13] 它是一個「記憶儲藏所」，戰友會組成的三大目的是慰靈、親睦、述說體驗。戰友會所在的戰場不同，這三個元素的組成比重也不同，南方戰場的死亡率高，這些地區的戰友會大多是爲慰靈而組成。相對地滿洲、蘇聯地區的戰友會，則大多是爲了親睦、述說體驗而組成。[14]

戰友會每年至少舉行一兩次定期會，通常以宴會的形式舉行，有會務報告、致

一九八四年八月，庫里空會第三次大會，中間為收容所的平面圖，手持平面圖者即倉內隊長

詞，與一般熱鬧的宴會沒什麼不同。

戰友會並不是封閉、排外的組織，有時也會有遺族、會員的同伴、其他部隊人員出席。對於像以文或是具有戰爭體驗的人而言，戰友會是一個能使自己安心放鬆，確認自我價值的場合，這樣說或許有點抽象，對於這些擁有戰爭經驗的人而言，他們和下一代之間難免有些隔閡，有的下一代對此完全不感興趣。

在這樣的情況下，戰友會的存在很重要，因爲在這裡，這些昔日的戰士們，才能暫時放下生活的重擔，和戰友們回憶過去的種種，並且忘情地飲酒作樂，不需顧慮妻小是否厭煩。戰友會的組成有幾種形式，以文參加的八戶會，就是以駐地爲名，而庫里空會，是以收容所作爲單位的西伯利亞戰友會，其性質是以會員之間親睦、談論過去體驗爲主，會上的熱門話題，像是過去在西伯利亞受到蘇聯如何對待、嚴苛的自然環境下的勞動等等。戰友會依

13. 鶴見俊甫（一九二二－二〇一五）：日本哲學學者、思想家。鶴見俊輔來自顯赫的家庭，他的父親鶴見祐輔、外祖父後藤新平都是知名的政治家。鶴見曾先後於京都大學、東京工業大學、同志社大學任職。參考https://kotobank.jp/word/%E9%B6%B4%E8%A6%8B%E4%BF%8A%E8%BC%94-853122（二〇二二年六月三日瀏覽）。

14. 戦友会研究会著，《戦友会研究ノート》（東京：青弓社，二〇一二），頁五一、一一七、一二二－一二三。

照性質的不同，會上所唱的軍歌也不同，西伯利亞戰友會共同會唱的，就是《異國之丘》（異国の丘）。[15]

異國之丘的作曲者吉田正，也是西伯利亞抑留者，而《異國之丘》的原曲是他所作的《大興安嶺突破演習之歌》，原先這首歌是吉田正在滿洲期間所做，爲了提升部隊士氣。結果後來由增田幸治（也是抑留者）塡詞，在西伯利亞的日本收容所當中廣爲傳唱。

一九八二年夏天，久凜會第一次舉行，有二十八名隊員參加。久凜會得以舉行，主要是倉內隊長將隊員的名簿，偷偷縫進背包的背袋中，後來再一一聯絡四散各處的隊員。戰後，倉內隊長不僅是舞鶴市議員，還將自己在西伯利亞的防寒衣捐給引揚博物館。以文身在臺灣，久凜會的活動，不可能每一次都參加，他只參加第五次與第十次大會。[16]

以文即使無法每次出席，但與戰友們書信往來卻未曾間斷，久凜會在每一次活動結束後，都會將會後合照寄送一份到臺灣，只是每次收到合照，照片中的人就會少一些，戰友會

15. 《異國之丘》的原曲名為《大興安嶺突破演習之歌》，這首歌在戰後被重新填詞，並傳唱於西伯利亞的日軍收容所。原作曲者吉田正，以及重新填詞的增田幸治，都是西伯利亞的日軍戰俘。

16. 奥田弘，〈シベリアで結ばれた友情〉（期刊名不詳）二月号，頁四三－四四。

一九八八年六月，陳以文（前排左三）參加八戶教育隊戰友會

一九八八年六月，陳以文（前排左五）參加庫里空會第五次大會，第二排左五為蛸谷勝

上的話題與近況會報欄當中，個人衰老、生病等話題逐漸增加。

一九八八年，久凜會會員之一的今泉丈彥，開始籌畫重返西伯利亞的計畫，不過，大家想要去的泰舍特當時不允許外國人進入，只能暫時擱置。一九八九年，久凜會出版了《追錄》，內容包含名簿、寫眞集、文集、介紹。「介紹」是介紹自己居住之地的風景名勝，以文在介紹宜蘭時這麼寫著：

○我歸鄉之後大約十年在醫師父親之處幫忙，經營藥店三十年。

○當地在北海岸，宜蘭平原的米可以二收，有椪桔、李子等日本嘗不到的各種水果。還有豚肉、鴨肉的燻製品。燻製品在島內非常有名。

○縣內的名勝，宜蘭市南方二十公里的地方有冷泉，世界只有兩個地方。（還有一個地方在義大利）

○北方大約七公里之處有溫泉，此處有很多的溫泉旅館與公寓。

以文在文章的下方，放上自己海釣時的照片，並且在照片一旁寫下：

橫亙在太平洋彼方的龜山島

戰爭中，與美軍在這海面上有空戰，許多人爲國戰死。宜蘭飛行場是戰鬥機的基地，照片前面不遠處有宜蘭平原，西邊連著臺灣山脈。17

西伯利亞旅行團

雖然第一次籌劃失敗，但是在一九九一年九月，久凜會終於組成旅行團前往泰舍特，不過以文並沒有參加。九月二日，旅行團搭乘俄羅斯航空從新宿起飛，經過兩個小時的飛行，抵達哈巴羅夫斯克，旅行團在嚮導的帶領之下前往日本人墓地上香。九月三日晚間，旅行團從哈巴羅夫斯克往西飛行，在布拉茨克（貝加爾湖西邊的城市）降落。

旅行團在布拉茨克轉乘廂型車時，車上的白俄羅斯人嚮導拿著麥克風說：「我是住在維霍列夫卡的契烏索夫，現年七十二歲，生於滿洲的哈爾濱，是新京建國大學的第一屆畢業

17. クリコン（久凜魂）会，《クリコン（久凜魂）会（追録）》（舞鶴：クリコン（久凜魂）会，一九八九），頁廿八。

生。18 戰後我成爲蘇聯審判日軍將官的通譯，審判結束後，我沒經過審判就被判處十五年的強制勞動，前往貝阿鐵路的收容所，抵達收容所時日本人已經回國，所以我可以說是各位的後繼者。一九五六年獲釋後，我就與當地女性結婚，定居在貝阿鐵路的沿線，最近政府才回復我的名譽，雖然要供給我食品當作補償，可是供給之前又發生了政變，到底會如何我也不清楚呢。」19

旅程之中也有許多插曲，當眾人在維霍列夫卡車站前希望與當地婦女合照時，遭到對方嚴厲地拒絕，儘管契烏索夫不斷解釋，還是無法平息對方的怒氣。契烏索夫隨後解釋道，像這名婦女這樣的人並不少，她們並非不友善，而是不想惹麻煩，覺得若因與外國人合照而引起是非，那就嚴重了。她們之所以會這樣想，是因爲史達林時代的恐怖統治，仍然烙印在她們心中。

旅行團從布拉茨克搭乘兩個小時的火車前往南邊的切那，在切那下車後轉乘巴士，巴士最後在草原中停了下來，眾人跟著當地村長走在羊腸小徑上，村長指著右邊：「這裡就是庫里空。」

庫里空農場早在一九四九年八月關閉，現地只剩下少數幾棵的白樺樹，還有蔓生的短草。過去柵欄內有一百多個日本人，欄外有十幾個蘇聯警戒兵，還有牛馬。庫里空的農場與建築物，幾乎都已消失不見。旅行團在拍完合照之後，就前往六公里外的收容所，經過四十年，收容所僅剩下兩棟建物還在。旅行團離開庫里空之後，前往泰舍特與伊爾庫茨克觀光，最後在九月九日返回日本。[20]

以文雖未能與之前往，但也在久凜會寄來的資料中，與戰友一同神遊故地。

以文的晚年身影

以文藥房在一九九四年歇業，藥房歇業後，以文將剩下的藥品搬到宜蘭夜市巷子內住處擺放。藥房雖然停止營業，但還是保留有許多藥品，因爲不時會有熟客來到住處買藥。以

18. 建國大學簡稱「建大」，一九三八年創校，校址位在滿洲國首都新京（今長春），並於一九四五年關閉。建國大學前後招收九屆學生，建大亦提供臺灣學生名額，曾有二十七名臺灣學生入學，最後僅三人畢業。https://www.weblio.jp/content/%E5%BB%BA%E5%9B%BD%E5%A4%A7%E5%AD%A6（二〇二一年六月三日瀏覽）；許雪姬、黃子寧、林丁國，《日治時期臺灣人在滿洲的生活經驗》（臺北：中央研究院臺灣史研究所，二〇一四），頁十一。
19. 久保田康、本間恒夫〈シベリア懐旧旅行報告〉，《クリコン会報（追録Ⅱ）》一九九一年九月，頁四－六。
20. 久保田康、本間恒夫〈シベリア懐旧旅行報告〉，《クリコン会報（追録Ⅱ）》一九九一年九月。

文結束事業後，年過七十的他，才稍享清福，卻接連受到疾病侵襲。一九九七年，以文在海釣時突然跌坐在地，一旁的釣友立刻將他送醫，診斷結果是中度中風。幸運的是，以文恢復良好，就像當年在西伯利亞住院一樣，或許在那艱困環境下培養的韌性，多少發揮了效果。以文在羅東博愛醫院住了一段時間，出院後可以正常走路，只是人消瘦許多，走路速度也不若以往。在中風之前，以文每天都去宜蘭的海邊釣魚。中風之後，以文待在家中的時間變長，對外往返的書信中，提到健康惡化的頻率越來越高。

陳以文全家福，後排為陳以文、林素。前排由左至右為陳明亮（長男）、陳明淑（次女）、陳明典（次男）、陳明敏（長女）

年事已高的以文回憶起過去在八戶教育隊、滿洲時期的薪水，都存在軍中的郵局，存款簿雖然不見了，但他很確定自己未曾領出這些薪水。以文努力備齊所有資料，透過交流協會

從左至右為長男陳明亮、妻子林素、次女陳明淑、次男陳明典、長女陳明敏、陳以文

陳以文全家福，後為以文藥局。陳以文（左一）、陳明典（左二）、陳明亮（左三）、陳明敏（左四）、林素（右一）、陳明淑（立於林素之前者）

お知らせ
通 知 書

請求人の氏名
申請人 姓名

陳以文　　先生／女士　鈞啓

住所
地址

宜蘭縣宜蘭市

[redacted]

請求受付番号
申請受理號碼　1960828202646

拝啓　あなた様からご請求のありました旧日本軍人軍属の未支給給与につきましては、旧日本軍から引き継いだ当局保管の関係資料を調査しましたところ、「未支給給与」に関する記録がありませんでした。

したがいまして、誠にお気の毒ですが、お支払いすることが出来ませんので、ご了承ください。　敬具

台鑒：

有關台端提出申請之支付原日本軍人軍屬未付薪津乙事，經查閱前由舊日本軍保管，現由當局接管之有關資料，未見「未付薪津」之有關記錄。

故不能支付，實感遺憾，誠希見諒。

謹此

1998年1月19日
日　本　国
厚生省社会・援護局業務第一課長

陳以文申請發還薪餉，但是日方回覆「未見有未付薪資」之紀錄

昭和 56 年 12 月 15 日第三種郵便物許可 2009 年 4 月 20 日発行（毎月 1 回 5 日発行） 全抑協広報 第 341 号付録

2009「シベリア・モンゴル抑留者アンケート」のお願い

来月で全国抑留者補償協議会は設立 30 年、シベリア立法推進会議も結成 6 年を迎えます。ようやく待望のシベリア特別措置法案が先月国会に上程されましたが、この法案の行方と総選挙の結果次第で、私たちの運動も大きな分岐点を迎えるものと予想されます。

そこで、現時点での皆様の率直なご意見を伺い、今後の運動に反映させていきたいと思います。ぜひご記入の上、返送いただきたくお願いいたします。（ご遺族の方もお願いします。）

●締切＝5 月 10 日 ●返送先＝〒102-0074 千代田区九段南 2-2-7-601 シベリア立法推進会議
（Fax の場合は 03-3237-0287 へ）

① 名前：景山雅文（陳以文）（元抑留者・軍人・軍属・民間抑留者、遺族 ※○印を）

② 生年月日：大正（昭和）2 年 9 月 24 日（満　歳）

③ 応召・入隊年月日：昭和 20 年 4 月 29 日

④ 所属部隊：満洲第 795 軍事郵便氣付 滿洲 125 部隊風雲隊小爆隊

⑤ 抑留地：イルクーツク タイシェト （収容所名：タイシェト 收容所 グリコン　）

⑥ 抑留中の作業：鉄道作業

⑦ 帰国年月日：昭和 23 年 6 月 20 日（帰国上陸地：舞鶴港　）

⑧ 抑留中のもっともつらかった思い出：
厳酷な寒さ。　蚤、しらみ、南京虫等になやまされた。
食糧の不足。
衛生設備の不善。

⑨ 抑留中のもっともうれしかった思い出：
作業の暇に焚木で体が暖められた事。

⑩ 抑留体験を家族の方に話しておられますか？
（ア）よく話している　イ）すこし話したことがある　ウ）ほとんど話していない
エ）まったく話していない

⑪ <⑩で「話したことがある」と答えて下さった方に>
子供や孫は関心を示してくれましたか？：
関心有り。

⑫ <⑩で「話していない」と答えて下さった方に>
なぜ話されないのですか？：

陳以文暮年接受的相關問券。從這份問券中可知，西伯利亞的嚴寒、食糧不足，簡陋的衛生設備以及南京蟲讓陳以文吃足苦頭。此外，在第十欄「會告訴家人你的居留經歷嗎」，以文選擇了「很常說」，第十一欄「子女及孫子關心嗎」，以文寫下「有關心」

向日本政府申請，希望能拿回這筆錢，但最後接到「沒有看到您有未領款項的紀錄」的回覆，讓以文非常失落。使他失落的恐怕不只是金錢，還有過往以日本人身分，爲國家犧牲奉獻的記憶。

紀錄歷史記憶

戰後，日本的紀錄作家林榮代曾來訪問以文，並將這段經歷寫在其著作《臺灣大和魂》中。林榮代多以二戰時期的朝鮮人、臺灣人等弱勢階層爲對象，探討戰爭的無奈與悲哀。此外，獨協中學的刊物《獨協通信》也刊載了以文與成章事蹟。

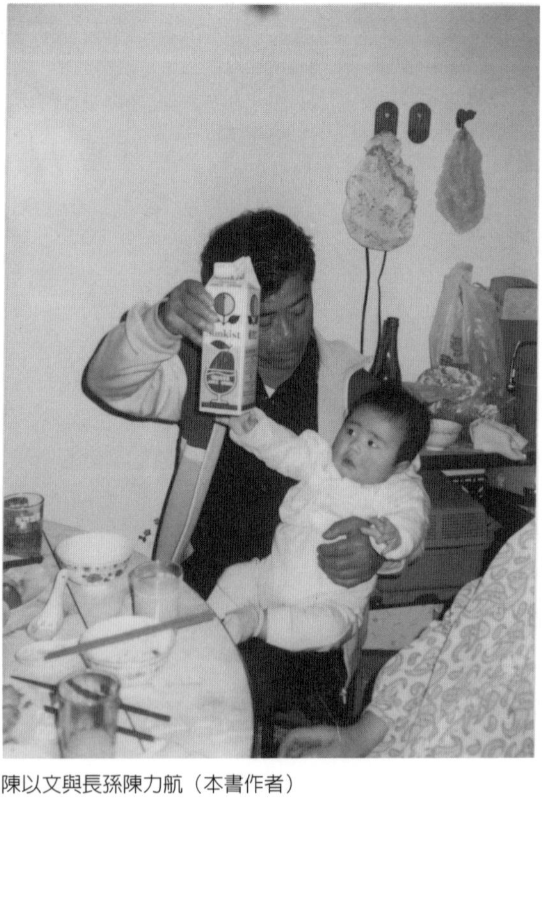

陳以文與長孫陳力航（本書作者）

《臺灣大和魂》與《獨協通信》的文章，在日本社會引起了迴響，某日，以文收到東大教授小島晉治的來信，小島過去在獨協中學教授世界史，其後在東大教授中國史。某次他要爲期刊《呴沫集》撰寫〈臺灣籍前日本兵士軍屬之事等〉一文時，碰巧閱讀了林榮代的著作，才知道以文的事蹟。

　小島於二〇〇六年三月來臺，經由他與橫濱的吳正男先生居中牽線，日本全國抑留者補償協議會（簡稱全抑協）事務局長有光健多次來臺，透過全抑協之協助，以文拿到自己被拘留在西伯利亞時期的資料。吳正男和以文同年出生，他在戰爭末期報考陸軍特別幹部候補生。吳正男在水戶航空通信學校受訓後，派赴朝鮮半島。戰爭結束，他在哈薩克的收容所待了兩年。遣返回日本

二〇〇二年七月，陳以文與庫里空會九州分會成員合影。左起為池田勝義、有働健正、陳以文、坂井幸弘，陳力航攝影

時，蘇聯沒有發現吳正男的臺灣人身分，吳正男也報上自己的日文名字「大山正男」，以及日本親戚名字，所以順利留在日本。

走向另一個世界

二〇一〇年六月，日本政府通過《特別措施法》，支付給拘留者最低二十五萬日幣、最高一百五十萬的賠償金，但是給付對象必須持有日本國籍，以文在戰後成為中華民國的國民，自然無法領取。二〇一一年五月，因《特別措施法》而獲得賠償的日本人，不少人念及這些海外戰友曾經同生共死的情誼，自願捐出一萬日幣作為特別給付金。「特別給付金」發放的對象，就是像以文這樣，還健在的非日本籍拘留者，每人可以獲得五到十萬日幣。二〇一一年八月，產經新聞的記者吉村剛史先生曾為此前來採訪，以文表示：「在三一一大地震這樣辛苦的時刻，我以被遺忘的前日本兵的身分，謝謝有志者的關心」，[21]就在《產經新聞》的報導刊出後不到半年，二〇一二年的一月十七日凌晨，以文向照顧他的外傭要了一杯水，喝完之後，就沒有氣息了。

一早，以文的子女與孫子們接到了電話，連忙趕回宜蘭，但當他們回到宜蘭時，以文已經安詳躺在木板床上。以前，以文常在這張床上，一邊喝著紅露酒，一邊帶著酒氣，告訴孫子他在西伯利亞的故事。

二〇一二年一月三十一日，以文的告別式在宜蘭員山的福園舉行，以文的孫子在告別式上，以宜蘭腔臺語，朗讀以文的一生。就讓我們以這段文字，當作他人生的跑馬燈吧：

「我的阿公，陳以文先生。民國十六年出世，我的阿祖陳土金，則是宜蘭出名的西醫。阿公國小就讀於宜蘭小學校。阿公最愛畫圖，他畫的圖，也常常得到老師的稱讚。小學校畢業後，阿祖送阿公去日本中學校。阿祖安排阿公去日本，主要也是希望阿公，以後可以讀醫學院、做醫生。不過，中學校四年級時，因爲戰爭的關係，書無法繼續讀。此時，阿公決定去當兵，他被派去在中國的東北。日本投降時，阿公的部隊被蘇聯人抓去西伯利亞做苦工，在吃眞壞，住不好，最冷零下六十八度的環境之中，很多戰友無法等到回故鄉的一天就過世。好家在我的阿公活下來，返回臺灣。回臺不久，阿公和阿嬤在幼稚園老師做媒人之下結婚。結婚之後，生兩男兩女，都受到大學以上的高等教育，現在都有安定的工作與家庭。阿公回來臺灣之後，開西藥房四十幾年，曾當選宜蘭模範商人和模範父親。阿公對長輩眞孝

21. 吉村剛史，〈臺湾の元シベリア抑留者に日本の有志から「特別給付金」〉《産経新聞》二〇一一年八月十三日。

順，對兄弟姊妹非常照顧。個性豪爽、好逗陣，所以有很多朋友。他對朋友很用心。在座各位阿公的親戚朋友應該都有同感，我代表陳家感謝各位阿公的親戚朋友好鄰居對阿公的照顧。祝各位身體健康、萬事如意。謝謝。」

家系表

陳土金
- 李寶（原配）以文生母 1938年逝
- 林暖（續弦）

原配李寶所生
- 長男 陳長炫
- 次男 陳鎮榕
- 三男 陳在三
- 長女 陳信
- 四男 陳以文
- 五男 陳成章
- 六男 陳盤銘（陳韋達）
- 七男 陳如周

續弦林暖所生
- 次女 陳光壁
- 三女 陳瑞新

陳以文 — 林素
- 陳明亮 — 洪錦芳
  - 陳力航
- 陳明典
- 陳明敏
- 陳明淑

附表／海遼輪臺灣人名單

姓名	年齡	籍貫
陳以文	二二	臺灣省臺北縣
陳忠華	二四	臺灣省臺中縣
葉海森	二三	臺灣省臺中縣
蕭瑞三郎*	二七	臺灣省臺中縣
吳龍山	二四	臺灣省臺南縣
龔新登	二三	臺灣省高雄縣
南善盛	二六	臺灣省高雄縣
彭武進		臺灣省
胡清坤	三五	臺灣省新竹市
黃金保	二六	臺灣省臺南縣
吳清良	三四	臺灣省高雄縣
吳天勝	十五	臺灣省高雄縣
柯萬枝	三二	臺灣省
林春生	四三	臺灣省
陳雨卒	三五	臺灣省臺南市

姓名	年齡	籍貫
陳榮華	三八	臺灣省
陳天來	三五	臺灣省
王進卿	三九	臺灣省
李金源	四四	臺灣省
陳維炯	二十	臺灣省
許秋金	二四	臺灣省
許清泉	三十	臺灣省
易水生	四十	臺灣省
陳茂寶	三六	臺灣省臺北
呂永朝	四一	臺灣省
楊文騫	二六	臺灣省
莊阿堂	四六	臺灣省
吳茂祥	二八	臺灣省
許瑞峰	二九	臺灣省臺中市
林福成	二四	臺灣省高雄縣

姓名	年齡	籍貫
林福建	三一	臺灣省高雄縣
黃連湖	六一	臺灣省泉州
張慶順	二六	臺灣省臺南縣
沈梅光	四九	浙江省杭縣
陳水		臺灣省臺南
何享英	三三	臺灣省
孫謙元	二八	山東省
吳成得	二一	臺灣省
余金水	三一	臺灣省
葉份	四六	臺灣省
高福仁	二一	臺灣省
林甘三	四四	臺灣省
孫戶	三三	臺灣省
陳讚堯	二三	臺灣省
楊文三	三一	臺灣省
蘇建榮	二六	臺灣省
楊玉平	二三	臺灣省
劉福田	二三	臺灣省

姓名	年齡	籍貫
劉文彬	三五	福建省
劉清渠	三十	福建省
林友	三五	福建省

*即蕭瑞郎

資料來源：〈我國駐日代表團遣送華僑返國〉，《外交部》，國史館藏，數位典藏號：020-010108-0026

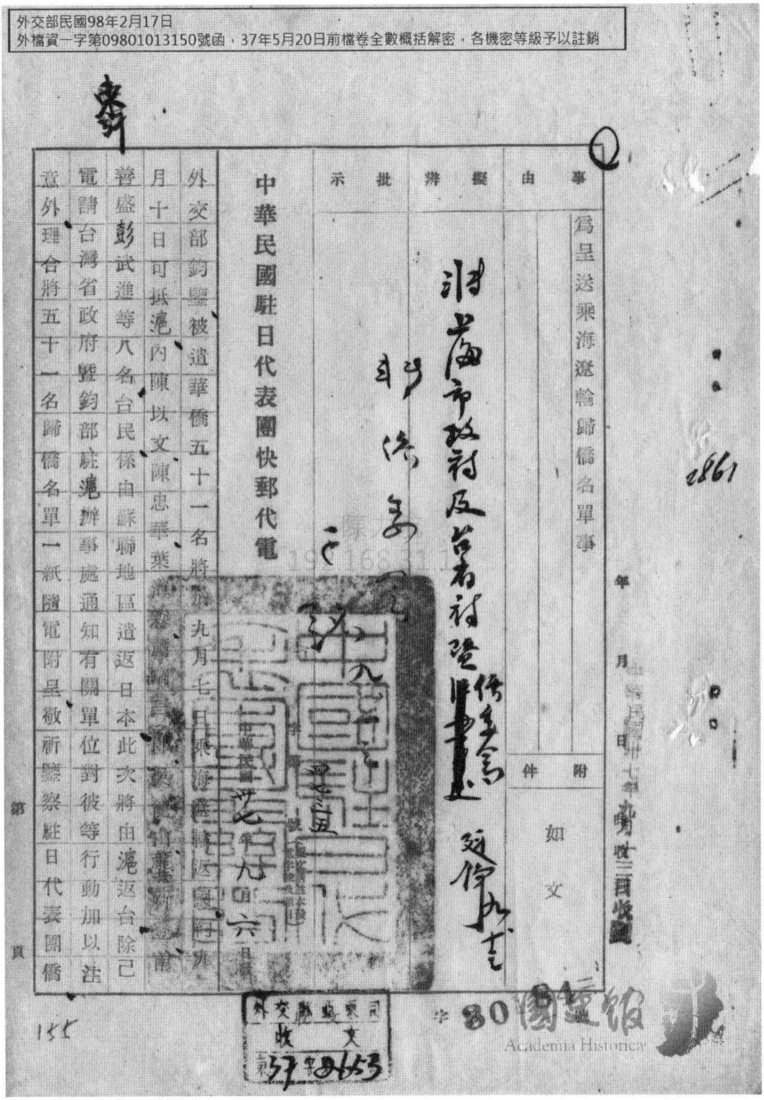
外交部民國98年2月17日
外檔資一字第09801013150號函，37年5月20日前檔卷全數概括解密，各機密等級予以註銷

事由：為呈送乘海遼輪歸僑名單事

中華民國駐日代表團快郵代電

外交部鈞鑒被遣華僑五十一名將於九月七日乘海遼輪返國約於九月十日可抵滬內陳以文陳思華葉[illegible]曾盛彭武進等八名台民係由蘇聯地區遣返日本此次將由滬返台除已電請台灣省政府暨鈞部駐滬辦事處通知有關單位對彼等行動加以注意外理合將五十一名歸僑名單一紙隨電附呈敬祈鑒察駐日代表團僑

附件：如文

〈我國駐日代表團遣送華僑返國〉，《外交部》，國史館藏，數位典藏號：020-010108-0026

從這份檔案中可知陳以文返台的過程早已被中華民國政府注意，所以在上海、基隆先後遭到監禁

外交部民國98年2月17日
外檔資一字第09801013150號函，37年5月20日前檔卷全數概括解密，各機密等級予以註銷

姓名	年齡	籍貫
陳以文	22	台灣省台北縣
陳忠謙	24	台灣省台中縣
蔡海森	23	台灣省台中縣
蕭瑞三郎	27	台灣省台中縣
吳龍山	24	台灣省台南縣
龔新登	23	台灣省高雄縣
南督經?	26	台灣省高雄縣
彭武進		台灣省
胡清坤	35	台灣省新竹市
黃金保	26	台灣省台南縣
吳清良	34	台灣省高雄縣
吳天靜	15	台灣省高雄縣
柯萬枝	32	台灣省
林春生	43	台灣省
陳甫亭?	35	台灣省台南市
陳榮華	38	台灣省
陳天來	35	台灣省
王運卿?	39	台灣省
李金源	44	台灣省
陳維炯	20	台灣省
許秋金	24	台灣省
許清泉	30	台灣省
易水生	40	台灣省
陳茂寶	36	台灣省台北
呂永朝	41	台灣省
楊文騫?	26	台灣省
莊阿堂	46	台灣省
吳茂祥	28	台灣省

156

國史館 Academia Historica

外交部民國98年2月17日
外檔資一字第09801013150號函，37年5月20日前檔卷全數概括解密，各機密等級予以註銷

姓名	年齡	籍貫
許瑞峰	29	台灣省台中市
林福成	24	台灣省高雄縣
林福建	32	台灣省高雄縣
黃達淵?	61	台灣省泉州
張昆扁?	26	台灣省台南縣
沈梅光	49	浙江省杭縣
陳水涼		台灣省台南
何亨奕	33	台灣省
孫謙元	28	山東省
吳成得	21	台灣省
余金永	32	台灣省
蔡份	40	台灣省
高[illegible]仁	22	台灣省
林甘三	44	台灣省
孫戶	33	台灣省
陳讀堯	23	台灣省
楊文三	32	台灣省
蘇建燊	26	台灣省
楊玉平	23	台灣省
劉福田	23	台灣省
劉文彬	35	福建省
劉清渠	30	福建省
林友	35	福建省

以上共五十一名

157

國史館 Academia Historica

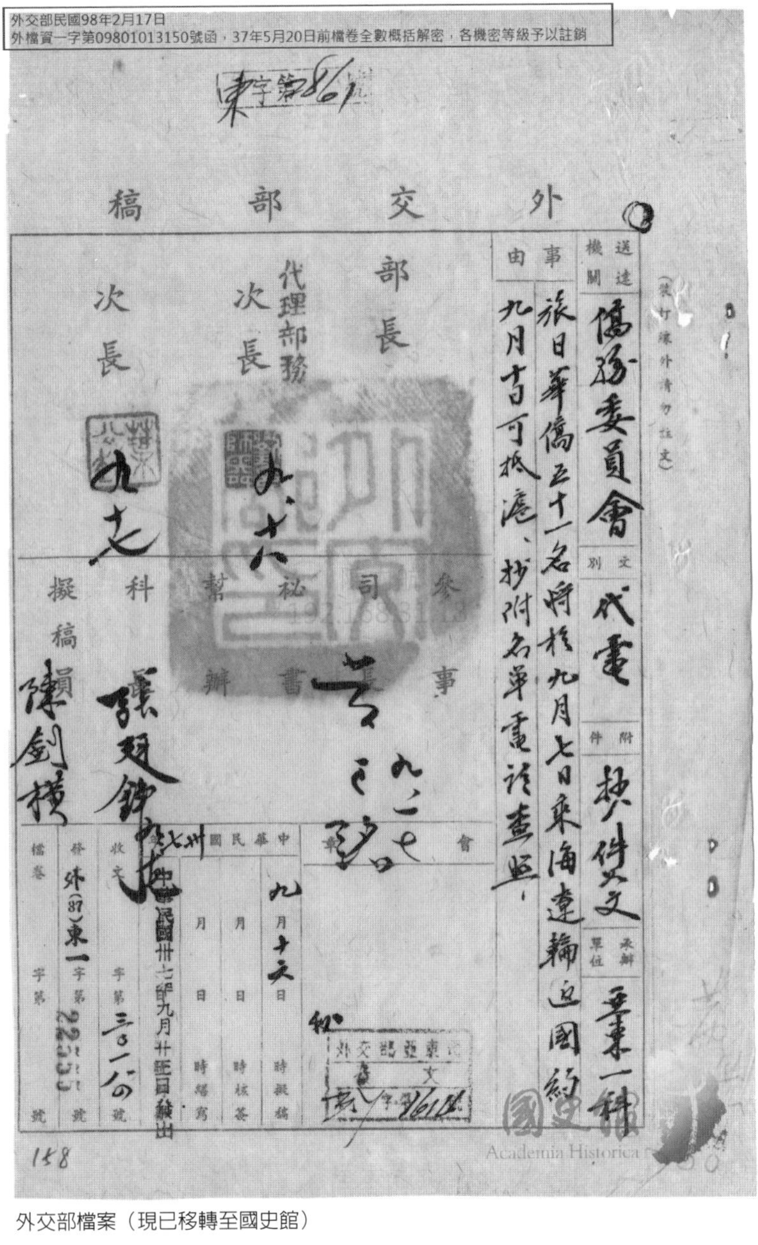
外交部民國98年2月17日
外檔資一字第09801013150號函，37年5月20日前檔卷全數概括解密，各機密等級予以註銷

東字第861

外交部稿

送達機關	僑務委員會
文別	代電
附件	抄件文
承辦單位	亞東一科
事由	旅日華僑五十一名將於九月七日乘海達輪返國約九月十日可抵滬，抄附名單電請查照。

部長
代理部務次長
次長

參事　司長　秘書　幫辦　科長　擬稿員
陳劍橫　張廷錚

中華民國 九月十六日 擬稿
發文 外(37)東一字第22535號
收文 字第三〇一八〇號
中華民國卅七年九月廿三日繕出

外交部亞東司 發文 東字第1611號

158

外交部檔案（現已移轉至國史館）

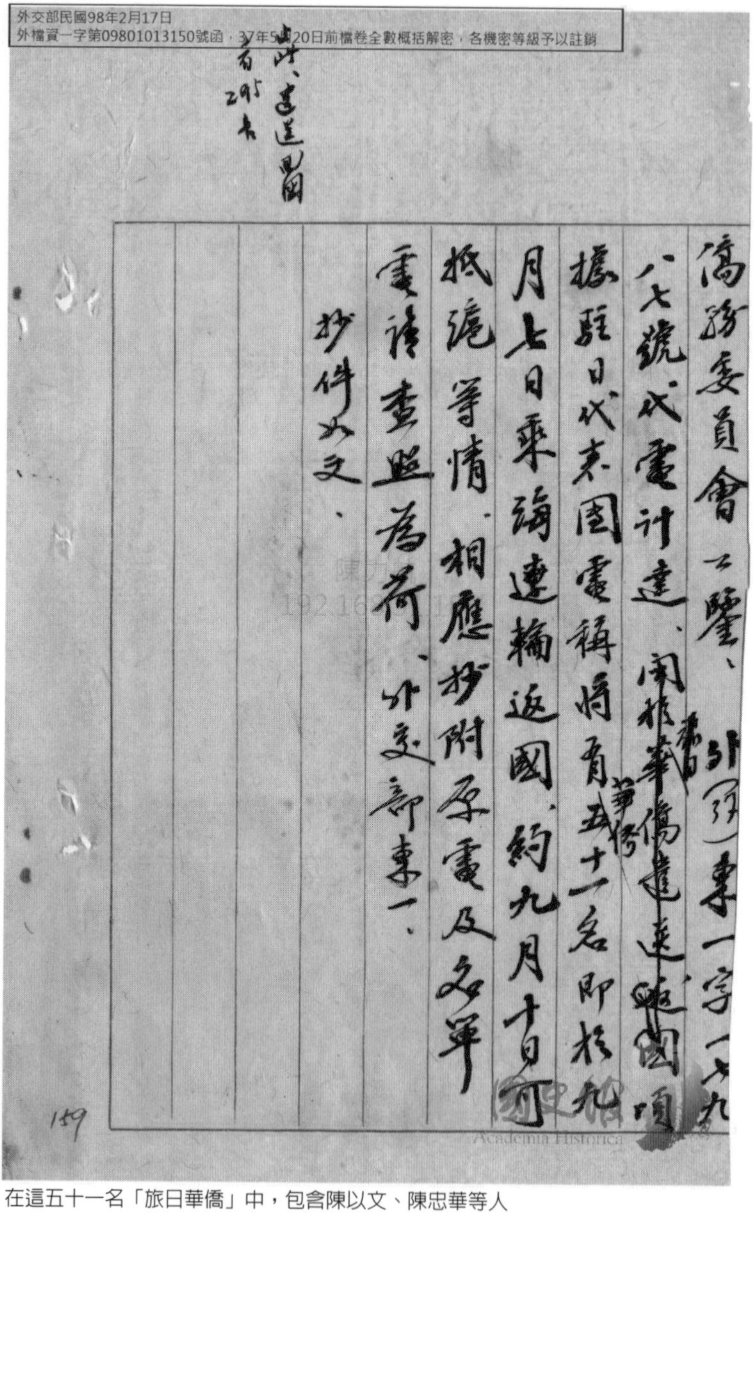

僑務委員會公鑒：外（36）東一字一六九八七號代電計達。關於華僑遣送返國一項，據駐日代表團電稱將旅日華僑五十一名即於九月七日乘該運輸返國，約九月十日可抵滬等情，相應抄附原電及名單電請查照為荷。外交部東一

抄件如文。

159

在這五十一名「旅日華僑」中，包含陳以文、陳忠華等人

參考書目

資料庫

1. 《聞蔵 II（きくぞうツー）ビジュアル》（朝日新聞資料庫）
2. 《ヨミダス歷史館》（讀賣新聞資料庫）
3. 《アジア歷史資料センター》（亞細亞歷史資料中心）
4. 《申報》
5. 《產經新聞》
6. Carbon Dioxide Information Analysis Center (CDIAC)
7. http://www.jma.go.jp/jma/index.html國土交通省氣象

1. ソ連における日本人捕虜の生活体験を記録する会，《捕虜体験記 7タイシェット・イルクーツク篇》（東京：ソ連における日本人捕虜の生活体験を記録する会，一九八九）。
2. クリコン（久凜魂）会，《クリコン（久凜魂）会（追錄）》（舞鶴：クリコン（久凜魂）会，一九八九）。

3. クリコン（久凛魂）会，《クリコン（久凛魂）会（追錄Ⅱ）》（舞鶴：クリコン（久凛魂）会，一九九一）。
4. 久保田康、本間恒夫〈シベリア懐旧旅行報告〉，《クリコン会報（追録Ⅱ）》一九九一年九月。
5. 山下静夫，《画文集シベリア抑留一四五〇日》（東京：東京堂，二〇〇七）。
6. 中國人民政治協商會議黑龍江勃利縣委員會文史資料研究委員會編《勃利文史資料　第十輯》。
7. 日本防衛廳防衛研修所戰史室編撰、李維之譯，《後期關東軍作戰》（臺北：國防部史政編譯局，一九八八）。
8. 日本防衛廳防衛研修所戰史室編撰、曾清貴譯，《關外陸軍航空作戰》（臺北：國防部史政編譯局，一九八八）。
9. 日本鉄道旅行地図帳編集部編，《滿洲朝鮮復刻時刻表　附台湾・樺太復刻時刻表》（東京：新潮社，二〇〇九）。
10. 浦田耕作，《陸軍特別幹部候補生よもやま物語》（東京：光人社，一九八五）。
11. 寺田進雄著、廖為智譯，《日本軍隊用語集》（臺北：麥田，一九九九）。
12. 坂井幸弘，〈グリコン戦友愛〉收入平和祈念事業特別基金編，《シベリア強制抑留者が語り継ぐ労苦》第二卷（平和祈念事業特別基金，一九九一），頁二六五－二八一。
13. 〈我國駐日代表團遣送華僑返國〉，《外交部》，國史館藏，數位典藏號：020-010108-0026。

14. 長勢了治，《シベリア抑留全史》（東京：原書房，二〇一三）。
15. 國際地學協會編，《滿洲分省地圖：地名總攬》（東京都：圖書刊行會，一九八四）。
16. 斎藤邦雄，《シベリヤ抑留兵よもやま物語》（東京：光人社，一九八七）。
17. 斎藤長太郎，〈シベリア抑留回想録 ソ連軍の国境不法侵犯から抑留そして帰国までの経緯〉收入，《クリコン（久凛魂）会（追録Ⅱ）》（舞鶴：クリコン（久凛魂）会，一九九一）。
18. 許雪姬，《日治時期在滿洲的臺灣人》（臺北：中央研究院近代史研究所，二〇〇四）。
19. 許雪姬，《臺灣人在滿洲的戰爭經驗》，《歷史臺灣》，第十一期（二〇一六），頁七五—一三二。
20. 許雪姬，〈日治時期臺灣人的海外活動——在「滿洲」的臺灣醫生〉《臺灣史研究》：第十一卷第二，二〇〇四年十二月。頁一—七五。
21. 許雪姬、黃子寧、林丁國，《日治時期臺灣人在滿洲的生活經驗》（臺北：中央研究院臺灣史研究所，二〇一四）。
22. 陳力航，〈陳以文先生訪談紀錄〉《宜蘭文獻雜誌》八七／八八期，二〇一一年，頁一三七—一六八。
23. 奥田弘，〈シベリアで結ばれた友情〉（期刊名不詳）一月号，頁四三—四四。
24. 富沢繁，《新兵サンよもやま物語》（東京：光人社，一九八一）。

25. 華勒瑞著、黃煜文譯《當帝國回到家》（新北：遠足，二〇一八）。
26. 戦友会研究会，《戦友会研究ノート》（東京都：青弓社，二〇一二）。
27. 〈資料編〉《週刊読売シベリア捕虜収容所の記録》臨時増刊一九九〇年十二月二〇日，頁九七。
28. 舞鶴地方引揚援護局編、加藤聖文監修編集，《舞鶴地方引揚援護局史》（東京都：ゆまに書房，二〇〇一）。
29. 蕭瑞郎，〈祕めなる人生〉《堵南會報》第三號（二〇〇〇年十月一日），頁十四—十七。
30. https://www.weblio.jp/content/%E6%B0%B4%E5%8E%9F%E8%8C%82 水原茂（二〇二〇年）十月廿日瀏覽。
31. https://kotobank.jp/word/%E5%B1%B1%E7%94%B0%20%E4%B9%99%E4%B8%89-1657653（山田乙三）。
32. https://kotobank.jp/word/%E7%A7%A6%20%E5%BD%A6%E4%B8%89%E9%83%8E-1652552（秦彥三郎）。
33. https://ja.linkfang.org/wiki/%E5%8E%9F%E7%94%B0%E5%AE%87%E4%B8%80%E9%83%8E（原田宇一郎）。
34. https://kotobank.jp/word/%E9%B6%B4%E8%A6%8B%E4%BF%8A%E8%BC%94-853122（鶴見俊輔）。

35. https://www.weblio.jp/content/%E5%BB%BA%E5%9B%BD%E5%A4%A7%E5%AD%A6（建國大學）。

國家圖書館出版品預行編目 (CIP) 資料

零下六十八度：二戰後的臺灣人西伯利亞戰俘經驗 / 陳力航著 . -- 初版 . -- 臺北市：前衛出版社, 2021.08
面；　公分
ISBN 978-957-801-967-6(平裝)

1. 陳以文 2. 臺灣傳記

783.3886　　　　110011196

零下六十八度—二戰後的臺灣人西伯利亞戰俘經驗

作　　者　陳力航

責任編輯　楊佩穎
美術設計　許晉維
內頁排版　NICO

出 版 者　前衛出版社
10468 台北市中山區農安街153號4樓之3
電話：02-25865708 | 傳真：02-25863758
郵撥帳號：05625551
購書・業務信箱：a4791@ms15.hinet.net
投稿・編輯信箱：avanguardbook@gmail.com
官方網站：http://www.avanguard.com.tw
出版總監　林文欽
法律顧問　陽光百合律師事務所
總 經 銷　紅螞蟻圖書有限公司
11494 台北市內湖區舊宗路二段121巷19號
電話：02-27953656 | 傳真：02-27954100

出版日期　2021年08月初版一刷
2021年10月初版二刷
2024年12月初版三刷
定　　價　新台幣350元

E-ISBN（PDF）：9789578019751
E-ISBN（E-Pub）：9789578019768

Printed in Taiwan　ISBN　978-957-801-967-6